Enrique Rocheo

Las iglesias de nuestros días

Por Herbert J. A. Bouman

CEPROLI

Editorial Concordia®

3558 South Jefferson Avenue
St. Louis, MO 63118-3968 USA

Título del original:
A Look at Today's Churches - A Comparative Guide
Traductor: Rev. Erico Sexauer

Autor del Capítulo 10 sobre El Neopentecostalismo: Rev. Antonio Schimpf, profesor del Seminario Concordia, Buenos Aires, Argentina.

Este libro es el fruto del esfuerzo conjunto del Centro de Producción de Literatura (Ceproli) de la Iglesia Evangélica Luterana Argentina, Editorial Concordia de USA, y del Departamento de Misiones Mundiales de la Iglesia Luterana Sínodo de Missouri.

CONTENIDO

PREFACIO

El presente trabajo no es ni pretende ser un estudio acerca de la religión en general, ni acerca de diferentes religiones existentes en el mundo, ni siquiera acerca de la religión cristiana como tal, si bien una de sus secciones está dedicada a las afirmaciones básicas de la fe cristiana. Tampoco es un vistazo a todas las iglesias. Sólo abarca las iglesias y agrupaciones religiosas relacionadas explícita o implícitamente con el cristianismo, al menos de nombre.

Dado que son centenares las denominaciones que componen la CRISTIANDAD, es obvio que la visión que ofrecemos en el limitado margen de estas páginas dista mucho de ser completa. La intención sólo es señalar ciertos denominadores comunes que unen y a la vez dividen a los integrantes de un conjunto tan heterogéneo.

Al hablar de iglesias y agrupaciones religiosas relacionadas explícita o implícitamente con el cristianismo, tendremos que preguntarnos: ¿qué requisitos debe reunir un cuerpo religioso para poder llamarse 'cristiano'? ¿Existe una descripción o definición, aceptable y aplicable en forma general, del concepto 'cristiano'? ¿Cuáles son los criterios decisivos y objetivos –si es que los hay– que nos permiten determinar con exactitud el grado de 'cristianidad' de tal o cual iglesia o cuerpo religioso? Por supuesto, el mero nombre no basta.

El término 'cristiano' es casi tan antiguo como el propio cristianismo. Poco tiempo después de la resurrección y ascensión de Jesucristo, sus seguidores se dispersaron desde Jerusalén por otras áreas del mundo mediterráneo. "Y a los discípulos se les llamó cristianos por primera vez en Antioquía" (de Siria), Hch. 11:26. De ahí que las designaciones "discípulo de Cristo" y "cristiano" se usaran y entendieran como títulos intercambiables. Quiere decir, entonces, que el carácter cristiano de un individuo o de un cuerpo religioso lo determina su relación con Cristo. Y lo que implica esta enseñanza bíblica será puesto en evidencia en el presente estudio.

Existe en la actualidad un número elevado de iglesias. Si bien todos los cristianos están relacionados con Cristo, hay una gran variedad de modos cómo se entiende dicha relación, variedad que ha dado origen a infinidad de problemas a lo largo de la historia del cristianismo. Quien se propone presentar las diferencias que hay entre unas iglesias y otras, forzosamente tendrá que entrar en comparaciones. Por cuanto el autor de este trabajo está comprometido con lo que "cree, enseña y confiesa" la Iglesia Luterana, es natural que escriba desde esta perspectiva. Pero al analizar a otras iglesias y grupos a la luz de este compromiso, le guía el propósito de hacerlo de una manera desapasionada y con buen fundamento.

Herbert J. A. Bouman

I

LA FE CRISTIANA

En los albores de la historia de la iglesia, cuando los cristianos comenzaron a reflexionar acerca de su fe y el carácter peculiar de la misma, y cuando el poder del evangelio indujo a más y más no-cristianos a unirse a la iglesia, los cristianos sintetizaron los elementos básicos de su fe en breves resúmenes. Estos resúmenes alcanzaron difusión como "regla de la fe" (lat. 'regula fidei') o "regla de la verdad" y se usaron como material para instruir a quienes se acercaban a la iglesia y para prepararlos para el Bautismo "en el nombre del Padre, y del Hijo, y del Espíritu Santo". De estos resúmenes surgieron, en forma ampliada, los credos de la iglesia que desempeñaron un papel importante en los actos de adoración de los fieles; asimismo, dichos credos o "símbolos" sirvieron como señal de reconocimiento de los cristianos entre sí, y para profesar su diferencia y unicidad con respecto al pensar religioso del mundo que los rodeaba: en ellos (en los credos) se manifestaba en forma contundente la creencia de los cristianos en un solo Dios, en oposición al politeísmo de los gentiles (1 Co. 8:4-6). A diferencia de los judíos, que también hacían hincapié en su monoteísmo, los cristianos expresaron su fe en la Santa Trinidad, Padre, Hijo y Espíritu Santo. "La verdadera fe cristiana es ésta, que veneremos a un solo Dios en la Trinidad, y a la Trinidad en la unidad (o sea: a un solo Dios en tres personas, y tres personas en un solo Dios). Una sola es la divinidad del Padre, y del Hijo, y del Espíritu Santo; igual es la gloria y coeterna la majestad" (El Credo de Atanasio, *Libro de Concordia*, Editorial Concordia, Saint Louis, E.U.A., 1989, pág. 19; en citas futuras: LC). "Persistimos en afirmar que quienes opinan de otro modo son idólatras, están

7

fuera de la iglesia de Cristo, y hacen agravio a Dios" (Apología de la Confesión de Augsburgo, I, 2. LC págs. 66/67). Con estas formulaciones de su fe, los cristianos se basaron en el Nuevo Testamento mismo.

Los hombres a quienes Jesús escogió de entre sus seguidores para que como "discípulos" le acompañaran a diario durante su ministerio público, fueron gracias a ello testigos auriculares y oculares de prácticamente todos los dichos y hechos de su maestro. De resultas, su mensaje al mundo giró en torno del tema central: Cristo, el Hijo del Dios viviente, en quien habían depositado su fe como su Señor y Salvador. Una y otra vez en el transcurso de su ministerio, Jesús prometió a sus discípulos darles el Espíritu Santo, Espíritu del Padre y del Hijo. En el primer Pentecostés, "día de nacimiento de la iglesia cristiana" como se ha dado en llamarlo, esta promesa comenzó a concretarse: la comunidad de creyentes recibió claras evidencias de la venida del Espíritu Santo y de su poder. Esto hizo que desde primera hora, los cristianos dieran expresión a su fe como "fe en Dios Padre, Hijo, y Espíritu Santo". Y de ahí nació la estructura básica para la formulación de los credos, en particular del Credo Niceno en el Oriente, y de los dos credos occidentales: el Apostólico y el Atanasiano.

A pesar de estar concebidos en términos personales: "Creemos", "Creo", estas declaraciones más bien escuetas son, en general, citas objetivas de verdades bíblicas, agrupadas en torno de las tres Personas de la Santa Trinidad y la actividad de Dios como Creador, Redentor y Santificador. Además, dichas declaraciones incluyen cierto número de referencias a hechos y factores que para los cristianos eran elementos esenciales de su fe.

En todo tiempo, los cristianos creyeron que el universo debe su origen al acto creador de un Dios todopoderoso y omnisciente, y que toda persona es una criatura de este Dios, responsable ante él; que los hombres, al rebelarse contra el Creador, hicieron que entrara el pecado en el mundo; que a raíz de su desobediencia, cayeron bajo el juicio de Dios, quedando así

rota la buena relación entre hijos y Padre que existía
originalmente; y que por sus propias fuerzas, los hombres son
incapaces de revertir esta situación desastrosa. Pero a la par, los
cristianos afirman que Dios el Creador no dejó de amar a sus
criaturas caídas, sino que desea ardientemente redimirlas y
restablecer la prístina relación de paz y armonía. Dios demostró
su amor en forma visible y palpable enviando a su Hijo eterno a
este mundo: en el momento histórico por él dispuesto, Dios hizo
que su Hijo naciera como ser humano de madre humana, y le dio
el nombre JESÚS para indicar el propósito de su encarnación: "Él
salvará a su pueblo de sus pecados" (Mt. 1:21). Los cristianos
creen que Jesús, el Cristo, cumplió plenamente con este cometido.
Mediante su vida intachable y su muerte en la cruz, Jesús actuó
como representante de todos los seres humanos e hizo satisfacción
por la deuda por ellos contraída. Ahora, Dios y los pecadores han
quedado reconciliados, y el mensaje de esta reconciliación va
dirigido a todos, junto con el ruego de aceptar lo que Dios en su
bondad les ofrece. Los cristianos creen que el Espíritu Santo crea
en el corazón humano el poder para aceptar con fe la promesa
divina. Los cristianos creen que la relación restaurada con Dios
necesariamente redunda en un nuevo estilo de vida que se
manifiesta mediante un sincero intento de hacer lo que Dios
quiere, y de ponerse al servicio del prójimo.

Los cristianos creen que por esa relación vertical con Dios,
resultante de la fe, todos los creyentes entran a la vez en una
relación horizontal con todos los demás creyentes, constituyendo
así una comunidad llamada "la iglesia". Esa iglesia es el cuerpo
cuya cabeza es el Cristo exaltado, quien lleva adelante su
actividad redentora a lo largo y lo ancho del mundo, haciendo
proclamar el evangelio, la buena nueva de los poderosos hechos
de Dios "por amor de nosotros y por nuestra salvación" y
haciendo administrar la "palabra visible" en forma de los
sacramentos que el Señor ha dado a su iglesia. Los cristianos
creen, en particular, que el Santo Bautismo es la vía de entrada en
la iglesia, y que el lazo de unión entre los fieles se manifiesta en

forma concreta e íntima en la Santa Cena o Cena de Comunión. Los cristianos creen que su comunidad de fe existe para practicar la asistencia, la amonestación y el estímulo mutuos, prácticas de las cuales ningún creyente debiera aislarse. El bienestar o malestar de uno de los miembros afecta a todos los demás.

Los cristianos creen que su existencia aquí en la tierra no acaba en un punto final, sino que habrá una resurrección de todos los muertos al fin de los tiempos, y que a esto seguirá, como don de Dios, la vida perdurable mediante la fe en Cristo Jesús.

Lo que acaba de exponerse representa, pese a todas las diferencias individuales en cuanto a entendimiento e interpretación, el resumen básico del significado de "cristiano", y lo que, para citar la palabra de un teólogo del siglo V, Vicente de Lerins, "se ha creído en todo tiempo, en todo lugar, y por todos" (quod semper, quod ubique, quod ab omnibus est creditum), y lo que se sintetizó en los credos "ecuménicos" o "católicos". Se consideraba que toda desviación sustancial de esta declaración de fe daba lugar a serias tensiones y ponía en tela de juicio el carácter de "cristiano" de las personas que creían y/o enseñaban otra cosa. Los credos ecuménicos daban la respuesta a la doble pregunta: "¿Qué tienen todos los cristianos en común, y en qué se diferencian de los adherentes a otras religiones, tales como el judaísmo, el islam, el hinduismo y el budismo?"

Un rasgo prominente de los cristianos era el espíritu de solidaridad que animaba a todos los creyentes, aunque estuvieran separados por largas distancias geográficas, por el lenguaje, por la cultura, etc. Es que recordaban la promesa del Señor: "Sobre esta roca edificaré mi iglesia", así, en singular, no "mis iglesias" (Mt. 16:18). Asimismo, tenían presente el énfasis constante, puesto por los apóstoles, en la necesidad de permanecer unidos: "...procurando mantener la unidad del Espíritu en el vínculo de la paz; un solo cuerpo y un solo Espíritu, como fuisteis también llamados en una misma esperanza de vuestra vocación; un solo Señor, una sola fe, un solo bautismo, un solo Dios y Padre de todos, el cual es sobre todos y por todos y en todos" (Ef. 4:3-6).

Esto se refleja en las palabras con que los credos se refieren a la iglesia: "una, santa, católica (o cristiana), apostólica". Y con toda certeza, los cristianos no habrían olvidado el ruego del maestro en aquella su oración sumosacerdotal: "No ruego solamente por éstos (los apóstoles), sino también por los que han de creer en mí por la palabra de ellos, para que todos sean uno" (Jn. 17:20,21).

Tal es, pues, en breves líneas, la imagen de la IGLESIA diseñada por su fundador y Señor. Los escritos del Nuevo Testamento, y en especial las cartas de los apóstoles, abundan en exhortaciones a los cristianos a evitar todo cuanto pudiera poner en peligro su unidad, y a ser solícitos en buscar y practicar todo cuanto pudiera contribuir a preservarla y fortalecerla. Pero ese estado ideal, triste es decirlo, jamás se ha logrado en toda la historia de la iglesia, y nuestro tiempo actual no es la excepción.

La cristiandad se halla dividida en centenares de grupos eclesiásticos, con nombres distintos, con formas de vida y prácticas distintas. Un conocido himno describe a la iglesia como "de cismas desgarrada, de error y por vaivén". Hay quienes hablan de "nuestra unión en Cristo, y el escándalo de nuestra desunión como iglesias". Cierto es que no siempre han existido tantas divisiones como hoy día, pero el espíritu de disgregación se ha manifestado a lo largo de toda la marcha de la iglesia por el mundo, aun en los días de los apóstoles. Es el espíritu que S. Pablo censura en su primera carta a los corintios: "Os ruego, pues, hermanos, por el nombre de nuestro Señor Jesucristo, que habléis todos una misma cosa, y que no haya entre vosotros divisiones. "Cada uno de vosotros dice: 'Yo soy de Pablo'; 'Yo, de Apolos'; 'Yo, de Cefas'; o 'Yo, de Cristo'. ¿Acaso está dividido Cristo?" (1 Co. 1:10-13). Entre las obras de la carne que se mencionan en Gá. 5:20 figuran las contiendas, las disensiones, las herejías (Versión 'Dios habla hoy': rivalidades, disensiones y partidismos). Ya en los períodos iniciales de la iglesia se formaron grupos que se separaron del cuerpo principal por causa de divergencias en cuanto a la interpretación del mensaje cristiano, o en cuanto a lo que debía ser su tema central.

Un cisma de vastas consecuencias ocurrió en el siglo XI, cuando se produjo una escisión entre los cristianos de la iglesia oriental, o griega, y los de la occidental, o latina, brecha que no se ha logrado cerrar hasta el día de hoy. También en el seno de la iglesia occidental surgieron de tiempo en tiempo grupos de mayor o menor envergadura que por discrepar de lo que la iglesia enseñaba o practicaba, se apartaron de la misma. Y aun cuando no siempre se llegó a una ruptura abierta, hubo dentro de la iglesia cristiana sistemas filosóficos y teológicos que se combatían tenazmente unos a otros. O sea: hablar de una iglesia unida antes de que estallara la Reforma es faltar a la verdad histórica.

Las divisiones mayores en la cristiandad occidental se sitúan en el siglo XVI. Martín Lutero en Sajonia, Ulrico Zwinglio en Zurich (Suiza alemana) y Juan Calvino en Ginebra (Suiza francesa) fueron los protagonistas principales de los movimientos reformatorios más trascendentes en la fe y la vida de la iglesia. En forma más o menos paralela aparecieron otras corrientes, de características más radicales, que se opusieron a la Iglesia de Roma, tales como los anabaptistas y los menonitas. En Inglaterra, el movimiento de reforma tomó por su propio camino. Celosa por promover la unidad del reino, Isabel I propició la composición del así llamado "Elizabethan Settlement" (Arreglo Isabelino) de la cuestión religiosa, consistente en los 39 Artículos de la Iglesia de Inglaterra y en el *Libro de Oración Común*, que contiene en un solo volumen los artículos de fe y todos los ritos, ceremonias, etc. de la Iglesia de Inglaterra, siendo, por lo tanto, no sólo un libro de oraciones, sino también un ritual y una confesión de fe. Estos documentos tuvieron por objeto imponer una "política comprehensiva", mezclando buena cantidad de elementos del catolicismo anglicano pre-reformatorio con abundante material teológico extraído de fuente luterana y calvinista. Por lo tanto, en la Europa de hoy día, mucha literatura acerca de cuerpos religiosos incluye tratados sobre cuatro o cinco iglesias separadas: ortodoxa, católico-romana, luterana, reformada y anglicana. Hasta hace muy poco tiempo, los lazos entre la Iglesia y el Estado en muchos países europeos eran bastante estrechos, como siempre lo habían sido desde los días de Constantino I (el Grande, alr. de 280-337 d. C.), primer emperador cristiano del Imperio romano.

En el Nuevo Mundo, más precisamente en los Estados Unidos de Norteamérica, el cuadro se nos presenta de manera bastante distinta. La estrella que brilló sobre el nacimiento de esta nación fue la palabra LIBERTAD: libertad de gobiernos opresores, libertad del control estatal ejercido sobre la religión, libertad de la palabra hablada y escrita, libertad de cultos, libertad de reunión, todo ello asentado en una Declaración de Derechos (Bill of Rights) que garantizaba los derechos y libertades personales de cada ciudadano. "El Congreso no emitirá ley alguna que reglamente el establecimiento de la religión." Esta disposición tuvo un efecto de vasto alcance sobre la existencia y la vida de la iglesia en Estados Unidos. El ejercicio de los derechos y privilegios cívicos, como el derecho a voto, a la propiedad, a desempeñar cargos públicos, etc. no estuvo ligado en modo alguno a la pertenencia a tal o cual denominación religiosa. Si bien el gobierno veía con agrado la práctica de la religión como un apoyo significativo a la moral y las buenas costumbres públicas y al "mantenimiento de la justicia tanto como a la prevención y el castigo del delito", razón por la cual garantizaba a los cuerpos religiosos su protección y la exención de impuestos corporativos; no obstante se abstenía de privilegiar a una iglesia sobre otra, y de otorgar subsidios. Amparado por esa liberalidad en materia religiosa, el ciudadano gozaba de plena libertad para afiliarse a la iglesia de su elección, o a ninguna, sin que esto lo expusiera a presiones o inhabilitaciones de ninguna índole. Además, los fondos para mantener la obra de su iglesia los tenían que aportar los feligreses mismos.

Los resultados fueron fáciles de predecir: Por una parte, el hecho de que la pertenencia a una iglesia era voluntaria y no obligatoria, estimulaba el interés personal en dicha iglesia y en su sostén, y hacía que la asistencia regular a los servicios religiosos alcanzara un nivel muy superior al que se registraba en las iglesias estatales del Viejo Continente. Por otra parte, por no sentirse presionados ni perjudicados en su diario vivir, muchos abandonaron las iglesias o permanecieron totalmente al margen de las mismas. Además, la política de escrupulosa prescindencia observada por el gobierno, acompañada de la separación de Iglesia y Estado, sin duda contribuyó en gran medida a la secularización de la cultura estadounidense.

Una consecuencia más del sistema estadounidense fue la proliferación y multiplicación sorprendente de iglesias, grupos eclesiásticos, y movimientos cúlticos y sectarios. Mientras el temario de los autores europeos se circunscribe por lo general a cuatro o cinco iglesias, el observador del escenario religioso en Estados Unidos se ve confrontado con centenares de entidades corporativas, cada cual con su propio nombre y con sus características o enseñanzas peculiares. No es de extrañar, entonces, que a menudo, esa especie de palestra eclesiástica estadounidense parezca terriblemente confusa no sólo a ojos de extraños, sino de los propios estadounidenses. Y no es de extrañar tampoco que muchas personas deploren "el escándalo de nuestra desunión como iglesias", y que quien tiene el sincero afán de orientarse, vea con estupor y consternación esa multitud y variedad de iglesias que pueblan el paisaje, compitiendo entre sí por ganar el interés del ciudadano aún no comprometido, o incluso tratando de atraer a miembros de otras denominaciones con el incentivo de tener una "oferta diferente".

Ante esta situación, muchos están no sólo confundidos sino seriamente ofendidos. Se preguntan, y con razón: ¿Qué puede resultar de esa enemistad y rivalidad entre iglesias que todas afirman ser voceros de Jesucristo – qué puede resultar sino un desprestigio para la cristiandad en general? Nadie debe sorprenderse si las iglesias sufren una sensible deserción entre las filas de sus miembros. Ante la cruda realidad con que nos enfrentamos a diario, producto del espíritu de nuestro tiempo, no es ninguna exageración decir que la iglesia como un todo ha perdido relevancia para la mayor parte de los estadounidenses (y no sólo para ellos...). La línea demarcatoria entre la iglesia y la sociedad secular ha quedado borrada en muchos sectores. En tales circunstancias, los cristianos de hoy día están llamados a reflexionar de nuevo acerca de su fe, y a tratar de entender lo que ésta implica para su relación con otros cristianos, y con sus contemporáneos en general.

II
LAS TRADICIONES ANTIGUAS

A. LA IGLESIA ORTODOXA

De las iglesias cristianas de existencia continua, la más antigua es la Santa Iglesia Oriental Católica y Apostólica, conocida también como Iglesia Ortodoxa Griega, Ortodoxa Oriental, o simplemente Iglesia Ortodoxa. Sus raíces están en Palestina, y su zona de mayor difusión e influencia son los países del Mediterráneo Oriental, a lo que hemos de incluir también el Norte de África, el Asia Menor, Grecia, los Balcanes, y los países eslavos del Este europeo, en especial Rusia. (En los Estados Unidos de Norteamérica, la Iglesia Ortodoxa tiene entre tres y cuatro millones de miembros.) Hay además un cierto número de iglesias independientes, ante todo entre grupos étnicos y nacionales, pero todas ellas vinculadas con el patriarca de Constantinopla, que ostenta el título de Patriarca Ecuménico.

Lo que caracteriza a la iglesia ortodoxa es, además de su antigüedad, su espíritu conservador, su apego a la tradición, su simplicidad, su inclinación hacia lo místico, y una altamente desarrollada liturgia en sus servicios religiosos. El énfasis en su antigüedad a veces derivó prácticamente en una identificación de "antiguo" y "ortodoxo", con la consiguiente oposición a la apertura a cualquier práctica nueva o diferente. Esa reverencia ortodoxa por lo antiguo queda claramente expresada en el cerrado conservadorismo de la iglesia.

Debe reconocerse, sin embargo, que hubo poderosas razones para tal defensa de las tradiciones. La mayor parte de la historia de esta iglesia transcurrió bajo dominaciones políticas de diversa índole. Constantino, el primer emperador cristiano de Occidente, trasladó la capital imperial de Roma a Bizancio, rebautizada por él 'Constantinopla', la actual Estambul. Desde aquel entonces, y por largo tiempo, la región oriental de la iglesia estuvo bajo el control de los sucesores de Constantino. En el siglo VII surgió el Islam, que con su celo misional difundió la religión mahometana a través del territorio de la iglesia ortodoxa, y se constituyó en el poder dominante. Si bien los cristianos no fueron eliminados, sin embargo se los discriminó de diversas maneras, limitando sus libertades cívicas y reduciéndolos a la categoría de ciudadanos de segunda clase. En épocas más recientes, la iglesia ortodoxa que en cuanto a número de miembros superó por mucho a todas sus pares fue la de Rusia, que en tiempos de Pedro el Grande, siglo XVII, fue puesta bajo el control directo del zar. Y en los últimos tiempos, fue el comunismo el que tuvo la voz de mando también en el ámbito eclesial.

Así, pues, la historia de la iglesia ortodoxa estuvo marcada durante mucho tiempo por varios tipos y grados de opresión y supresión. En tales condiciones, en que para los cristianos de aquellas áreas, su 'cristianismo' era a menudo una cuestión de simple sobrevivencia, es comprensible que tendieran a aferrarse tenazmente a los elementos de fe que habían recibido de sus antepasados, y a conservar a toda costa lo esencial de su religión. Poca oportunidad o inclinación hubo para reflexionar acerca de su fe, o de analizar en profundidad qué relación existía entre los diversos aspectos del mensaje bíblico, ni cuáles eran sus implicancias para la fe y la vida.

Otro factor de importancia en el modo de ser de la iglesia ortodoxa era su aislamiento ostensible del resto del mundo cristiano. Las barreras existentes en cuanto a idioma, cultura y política ya de por sí dificultaban una intercomunicación fluida. Pero con el gran cisma de 1054 se erigieron muros de separación que hasta el día de hoy no han podido ser derribados por completo. Y cuando los turcos mahometanos lograron poner bajo su dominio a la mayor parte de los territorios habitados por cristianos ortodoxos, el aislamiento se acentuó aún más. Como resultado, la cristiandad oriental prácticamente no tuvo contacto con los avances del pensamiento cristiano en el mundo de Occidente, ni participó en la gestación de nuevas ideas.

Por ende, la iglesia oriental se vio afectada sólo en muy escasa medida por las grandes corrientes teológicas y eclesiológicas que tanta gravitación tuvieron en el Oeste europeo, tales como las que imprimieron su sello a los siglos del escolasticismo, del humanismo cristiano, y al movimiento reformatorio del siglo XVI. De ahí que, en comparación con el Occidente, la iglesia oriental se caracterice por su teología más bien simple, elemental, carente de reflexiones profundas. Su confesión de fe ha sido formulada y "encasillada", por decirlo así, en el Credo Niceno y en las decisiones doctrinales que emanaron de los primeros siete concilios ecuménicos celebrados entre los años 325 y 787, todos ellos en el Oriente y con participación de integrantes de la iglesia oriental. Se pone mucho énfasis en la Liturgia Divina, o sea, los servicios de adoración, muy detallados y a menudo de una solemnidad y belleza impresionantes, que dan lugar a que la fe, en cierto modo, cobre forma y se experimente de una manera mística, antes bien que por vía de una discusión intelectual.

Por otra parte, dado que después de todo, los cristianos orientales y occidentales estuvieron unidos por unos 1.000 años antes de que se produjera la separación, cabría esperar que existiera un consenso bastante amplio tanto en la doctrina como en la práctica. Y así es, en efecto. Hay no pocas coincidencias en lo que se enseña y se practica en ambas iglesias, sólo que en la iglesia ortodoxa son menos los detalles provenientes del escolasticismo, el cuerpo de los dogmas fijados oficialmente es de volumen más reducido, y en general, se nota una evolución mucho menos pronunciada.

La iglesia ortodoxa extrae todas sus enseñanzas de la "Sagrada Tradición", sea en la forma como queda registrada en la Biblia, o como fue transmitida oralmente a partir de Cristo y sus apóstoles. En la doctrina acerca de la Santa Trinidad, el énfasis recae en el Padre como origen y fuente de todo, incluso de las otras personas de la Deidad. El Hijo nació del Padre, y el Espíritu Santo procede del Padre. En consecuencia, la versión oriental del Credo Niceno omite en el Tercer Artículo las palabras "y del Hijo" (*filioque*) al hablar de la procedencia del Espíritu Santo.

La teología cristiana occidental, al tratar de ilustrar cómo ella entiende la doctrina acerca de la Santa Trinidad, ha recurrido a la figura de un triángulo equilátero, o a tres círculos entrelazados. Los cristianos de tradición occidental creen que lo que la Biblia enseña es esto: que el Padre, el Hijo y el Espíritu Santo comparten plenamente sus propiedades el uno con los otros. En el Tercer Artículo del Credo Niceno, tal como se lo usa en las iglesias occidentales, se asevera que "el Espíritu Santo procede del Padre *y del Hijo*", no sólo "del Padre", como lo pone la iglesia ortodoxa.

Todos los seres humanos son criaturas de Dios, y son pecadores. Sin embargo, la caída en pecado es considerada un "estar privado de" antes bien que un "estar depravado", como algo serio, pero no fatal. La visión en cuanto al potencial natural del hombre es, por lo tanto, un poco más optimista en la iglesia oriental: se destaca ante todo, y con gran énfasis, la bondad esencial de Dios. La salvación ha sido lograda, en efecto, por la encarnación y el sacrificio de Jesucristo, y sobre todo, por su resurrección. El pecador recibe esta salvación por medio de su fe, suplementada por sus obras.

Al igual que los católico-romanos, los ortodoxos reconocen siete sacramentos o "misterios". El Santo Bautismo se administra a los infantes mediante una triple inmersión, seguida de inmediato de la *crismación* (confirmación), que consiste en la unción con el óleo sagrado, acto con que se imparte el Espíritu Santo. En la Santa Cena, el pan y el vino llegan a ser el cuerpo y la sangre de Cristo por la acción del Espíritu Santo, el cual es invocado sobre los elementos en una oración especial llamada *epiclesis*. Ambos elementos se administran por vía de una suerte de inmersión: se empapa un trozo de pan en una cucharita de vino y se lo alcanza a los comulgantes. El clérigo puede estar casado antes de recibir las Sagradas Órdenes, pero no después de ello. A los obispos se los escoge de entre los monjes célibes. Los sacramentos restantes son el matrimonio, la penitencia y la sagrada unción. Esta última se administra no tanto como preparación para la muerte sino como ayuda para el restablecimiento de la persona enferma.

A diferencia de los católicos occidentales, los de Oriente no aceptan la idea de la autoridad suprema y la infalibilidad del papa. Lo que sí le conceden es el honor de ser uno de los cinco pares, junto con los patriarcas de Jerusalén, Antioquía, Alejandría y Constantinopla. A la Virgen María se la honra como Madre de Dios, pero no existe un dogma de su inmaculada concepción, ni de su asunción física. Contrasta con ello la enseñanza oficial de la Iglesia Católica Romana, sancionada en 1854, de que "La Santísima Virgen María, en el instante mismo de su concepción, fue preservada de toda mácula de pecado original..." Desde 1950, la Iglesia Católica Romana enseña, igualmente en forma oficial, que "después de su vida sobre la tierra, la inmaculada Madre de Dios, la Siemprevirgen (*Semper Virgo*) María, fue asumida en cuerpo y alma en la gloria celestial". La iglesia oriental venera a los santos mediante íconos sagrados, o cuadros pintados, pero no se hace mención de los méritos de los santos. Tampoco se enseña la existencia de un purgatorio, un lugar donde, conforme a la enseñanza católico-romana, las almas son "purgadas" o limpiadas antes de entrar en el cielo. Lo que sí creen es que continúa habiendo cierto tipo de intercomunicación entre los difuntos y los que viven aún: se dice que los unos oran por los otros. En años recientes, las iglesias ortodoxas han salido de su aislamiento y están participando en forma intensiva y extensiva en emprendimientos ecuménicos tales como el Concilio Mundial de Iglesias y el diálogo con algunos otros cuerpos eclesiásticos.

B. La Iglesia Católica Romana

La mayor comunidad cristiana, y con mucho, es la Iglesia Católica Romana, llamada así por cuanto su sede central se halla en Roma, y por cuanto el idioma de sus pronunciamientos oficiales, y hasta hace poco también de su liturgia, ha sido por muchos siglos el idioma de Roma, o sea, el latín. Extendida por el mundo entero, el catolicismo es tan complejo que resulta difícil condensar la variedad casi infinita de sus modalidades en unos pocos párrafos. Hay un dicho: *Roma semper eadem*, Roma es siempre la misma. Pero tal afirmación es válida sólo en un sentido bastante limitado. En última instancia podríamos hablar de tres diferentes "Romas": el catolicismo occidental del Medioevo tardío, la iglesia romana de la época post-reformatoria (Concilio Tridentino, 1545-1563 hasta mediados del siglo XX), y la iglesia a partir del Concilio Vaticano Segundo. Frank S. Mead observa:

> En vista de las sorprendentes reformas y los cambios que han sacudido a la Iglesia Católica Romana desde los días del Papa Juan XXIII, resulta prácticamente imposible destacar un detalle puntual en la doctrina. En la iglesia entera prevalece una nueva era de discusión abierta y amplia interpretación, y los cambios se producen con notable rapidez. (*Handbook of Denominations in the United States*, 5° ed., Nashville: Abingdon Press, 1970, pág. 192).

En efecto, Roma ha cambiado. Sin embargo, se trata de un cambio en los acentos y en la práctica más bien que de un cambio en las enseñanzas básicas. "Con todo, la doctrina permanece enraizada profundamente en la roca de los 4 credos históricos" (Mead, ibíd.). Estos 4 credos son los tres antiguos símbolos ecuménicos, el apostólico, el niceno y el atanasiano, más el credo de Pío IV formulado en el Concilio de Trento. En mirada retrospectiva, la cristiandad occidental puede citar un número notable de brillantes pensadores en el campo de la teología: Tertuliano, Agustín, Tomás de Aquino, Pedro Lombardo,

Bonaventura, Anselmo de Canterbury y muchos otros cuyos escritos han influido profundamente en la teología occidental, y han contribuido a una multiplicidad de aspectos casi infinita.

No obstante, hay en el catolicismo romano algunos elementos que le han diferenciado y le siguen diferenciando de otras iglesias. Entre estos elementos se destacan el tipo de régimen eclesiástico (jerarquías, etc.), el sistema sacramental, el purgatorio, y el lugar que ocupan la Virgen María y los santos en la fe y la vida de los miembros.

Es verdad que hay también otras iglesias con estructuras jerárquicas (distintos rangos entre sus clérigos, tales como obispos, sacerdotes, diáconos) y esa particularidad llamada "sucesión apostólica", es decir, un ministerio cuya ordenación tiene que poder remontarse en cadena ininterrumpida a los apóstoles. No así la iglesia de Roma: allí hay una "cadena" peculiar de autoridad encabezada por el papa. En todas las cuestiones pertinentes a la fe, las costumbres y la disciplina, el papa es la autoridad suprema, aun por encima de la de un concilio celebrado por la iglesia entera. Cuando el papa habla en su capacidad oficial de "vicario de Cristo en la tierra, y cabeza visible de la iglesia" (*ex cathedra*) con intención de impartir una enseñanza a la iglesia, su palabra es infalible. Si bien el Concilio Vaticano II corrió en algo los acentos y les concedió cierto grado de poder a los sínodos regionales de los obispos, en última instancia no existe autoridad aparte de la del papa, ni mucho menos en oposición a él.

Por supuesto, una persona sola no puede administrar una empresa de tal magnitud y complejidad como lo es la iglesia de Roma. El papa cuenta con la asistencia de un elevado número de departamentos permanentes o comisiones, llamadas "congregaciones", más diversos tribunales y secretariados, que en conjunto constituyen la Curia Romana. Estas estructuras están diseñadas para ocuparse en una gran variedad de temas, tales como los dogmas oficiales de la iglesia, los sacramentos, lo concerniente a la liturgia, la educación, la misión, el ministerio, la relación con las iglesias orientales, y casos de disciplina. Un agregado más reciente, surgido del Concilio Vaticano II, son los secretariados para la promoción de la unidad entre los cristianos, para los no-cristianos, y para los no-creyentes.

Existe una conexión muy estrecha entre el clero ordenado y la vida entera de la feligresía. El sacerdote recibe su autoridad y poder para ejercer un ministerio legítimo por medio del sacramento de la Ordenación. Éste le habilita para administrar los demás seis sacramentos en forma válida, lo que hace de él un eficaz auxiliador para la fe y la vida de sus parroquianos, a los cuales puede servir con el sacramento adecuado de acuerdo con su edad y las circunstancias que están atravesando.

En prácticamente cualquier paso importante de su mortal carrera, el cristiano tiene a su lado al sacerdote que con el poder que le confirió Dios puede comunicarle o incrementarle esa gracia que es la vida sobrenatural de su alma.

Apenas nacido, el sacerdote le aplica el *Bautismo*, con lo que le hace nacer de nuevo a una vida más noble, más preciosa, una vida sobrenatural, y hace de él un hijo de Dios y de la iglesia de Jesucristo.

Para dar al cristiano fuerzas para que pueda luchar valientemente en las lides espirituales, un sacerdote investido de una dignidad especial (un obispo) le convierte en soldado de Cristo mediante el sagrado *Crisma* (la confirmación).

Después, tan pronto como esté en condiciones de reconocer el valor del Pan Angélico (*la eucaristía*), el sacerdote le provee de dicho pan, el alimento viviente y vivificador venido desde los cielos.

Si el cristiano tropieza en su camino y cae, el sacerdote le levanta en el nombre de Dios y le restaura en el favor divino mediante el sacramento de la *Penitencia*.

Además, si el creyente es llamado por Dios a fundar una familia y a colaborar con el Señor en la propagación de la especie humana por el mundo, incrementando así el número de fieles sobre la tierra, y luego también las filas de los escogidos en las regiones celestiales, el sacerdote se hace presente *bendiciendo sus esponsales* y su impoluto amor.

Y cuando al final, ya ante los portales de la eternidad, el cristiano se siente necesitado de fuerzas y coraje antes de presentarse ante el tribunal del Juez Supremo, el sacerdote acude con los *Sagrados Óleos* y unta los miembros desfallecientes del cristiano enfermo o moribundo, reconsagrándole y confortándole.

Así es como el sacerdote acompaña al cristiano a lo largo de todo su peregrinaje por esta vida hacia las puertas del cielo. Acompaña también a sus restos mortales hacia su lugar de reposo en el sepulcro, con ritos y ruegos por su vida inmortal. Y aún más allá de los umbrales de la eternidad sigue al alma del difunto para auxiliarle con sufragios cristianos, si es que aún necesita una ulterior purificación (*Purgatorio*) o mitigante alivio. De esta manera, el sacerdote está siempre al lado del creyente, desde la cuna hasta la tumba, como guía, como consolador, como administrador de salvación y dispensador de gracia y bendición (Encíclica de Pío XI, *Ad Catholici Sacerdotii*, diciembre de 1935, cit. en Stanley I. Stuber, *Primer on Roman Catholicism for Protestants*. N. York: Association Press, 1953, págs. 75 y sigte).

La salvación nos llega por la gracia de Dios. Esta gracia emana de los méritos de Cristo, más los méritos de la Virgen María y de los santos. A la "gracia" se la entiende en términos cuantitativos, como vigor espiritual, como don sobrenatural, que es impartido por vía de los sacramentos como medios de gracia, e infundido en los corazones, capacitando así a las personas para hacer buenas obras y obtener méritos.

Mediante el Santo Bautismo se llega a ser miembro de la iglesia, con lo que la persona queda habilitada para recibir los demás sacramentos. El Bautismo es absolutamente necesario para una salvación plena. De ahí que a los infantes no bautizados se les asigne un lugar en el así llamado 'limbo' (*limbus infantium*). Allí quizás gocen de cierto grado de felicidad natural; sin embargo, les está vedada por siempre jamás la visión beatífica de Dios en el paraíso.

> Si un niño fallece sin haber sido bautizado, su alma es enviada a la eternidad afectada con la mancha del pecado original. En un estado tal, jamás podrá ver la faz de Dios, su Creador, ni tampoco podrá entrar jamás en el reino de los cielos para el cual había sido destinada (de *A Manual for Nurses*, cit. en Stuber, pág. 157).

Dada la indispensabilidad absoluta del Bautismo, en una situación de emergencia puede ser administrado por cualquier persona. Asimismo, hay formas sustitutivas para el Bautismo con agua, en el caso de que este elemento sea imposible de conseguir. Tales sustitutos son el Bautismo Desiderativo, un intenso y anhelante amor a Dios, y el Bautismo de Sangre, el cargar con el martirio por causa de Cristo.

Por su bautismo, se dice, todas las personas llegan a ser miembros de la iglesia católica romana, y por ende, sujetas a su gobierno y sus leyes. "Toda persona bautizada está sujeta a la jurisdicción de la iglesia" (Ludwig Ott, *Fundamentals of Catholic Dogma*, ed. en inglés por James Bastible. St. Louis: B. Herder Book Co., 1958, pág. 336. Véase también pág. 311: "Por esto, la iglesia insiste en tener jurisdicción sobre personas bautizadas que se han separado de ella").

La *Confirmación* la tiene que administrar un obispo; con ella se imparte el don del Espíritu Santo. El sacramento de la *Penitencia* está establecido para la confesión y absolución de los pecados cometidos después del bautismo. Se requiere de los miembros que se confiesen al menos una vez al año.

En la iglesia católico-romana, el culto de adoración con su marco litúrgico está centrado en la celebración de la Misa, un hecho que ha influido incluso en la estructuración de los templos, arreglada de tal manera que los ojos del adorador son dirigidos directamente hacia el altar mayor, lugar donde se halla la hostia consagrada, presencia eucarística de Cristo. La misa consta de varias partes diferentes. Una de ellas es el acto de tomar la hostia, que el sacerdote ha transubstanciado en el verdadero cuerpo de Cristo mediante la pronunciación de las palabras de la institución, y de ofrecerla como sacrificio a Dios por los pecados de los vivos y de los muertos. Otra parte consiste en la distribución a los comulgantes: según la práctica general, éstos reciben solamente la hostia consagrada, no así el vino. Sin embargo, a partir del Concilio Vaticano II, "se puede conceder la comunión bajo ambas especies, de considerarlo oportuno los obispos, no sólo a los clérigos y los religiosos, sino también a los laicos" (*Constitution on the Sacred Liturgy*, pág. 55, en: *The Documents of Vatican II*, ed. por Walter M. Abbott, N. York: Guild Press, 1966, pág. 156). Agrégase a esto la elevación de la hostia para ser venerada por la comunidad de los fieles.

El día jueves que sigue al domingo de la Santísima Trinidad, la hostia es llevada en procesión por las calles (especialmente en comarcas católico-romanas) en observancia de la fiesta de *Corpus Christi*. Para todo comulgante es obligatorio recibir la eucaristía durante la Estación de Pascua.

El sacramento de las *Órdenes Sacerdotales*, oficiado por un obispo, incluye al candidato en la sucesión apostólica de los sacerdotes, y le inviste de poderes y gracias especiales para el desempeño de su cargo. Se hace una diferencia entre el así llamado "clero secular" (cura párroco) y el "clero regular", formado por sacerdotes que pertenecen a una orden religiosa y viven sometidos a una regla determinada. Tanto para los unos como para los otros rige aún la prohibición de casarse, si bien los clérigos de las "Iglesias Griegas Unidas" pueden estar casados en primeras nupcias, pero no en segundas. Se trata de sacerdotes de iglesias orientales que siguen los usos y las prácticas de la ortodoxa, con la diferencia de que aceptan al papa como cabeza de la iglesia.

El *Matrimonio* es considerado un sacramento, siempre que haya sido formalizado por un sacerdote. Por regla general, los católico-romanos tienen prohibido divorciarse, so pena de excomunión. Sin embargo, existe la posibilidad de una anulación, lo que implica que el matrimonio carecía de validez desde un principio. Se desalienta seriamente casarse con miembros de otras iglesias. Pero si pese a ello, una persona católica se casa con una no-católica, el enlace tiene que ser oficiado por un sacerdote, y la parte no-católica tiene que consentir en: (1) no interferir en el ejercicio de su religión por parte del cónyuge católico, y (2) hacer bautizar a todos sus hijos en la iglesia católica, y criarlos en dicha religión. Sin embargo, hoy día muchos matrimonios de esta índole se contraen con la coparticipación de un ministro protestante, y los dos "consentimientos" no siempre se cumplen.

La *Extrema Unción* está destinada a preparar a la persona moribunda para un fin bienaventurado. Se la puede administrar incluso en circunstancias en que ya no hay señales de vida perceptibles.

El Concilio Vaticano II (11 de octubre de 1962 al 8 de diciembre de 1965) ofrece un resumen actualizado y autoritativo en cuanto al sistema sacramental:

> Los sacramentos y el ejercicio de sus virtudes son lo que hace entrar en función a la naturaleza sagrada y la estructura orgánica de la comunidad sacerdotal. Incorporados a la iglesia por medio del Bautismo, el carácter bautismal consagra a los creyentes a practicar lo que concierne a su religión cristiana. Renacidos como hijos de Dios, su deber es confesar ante los hombres la fe que han recibido de Dios por medio de la iglesia. Ligados en forma más íntima a la iglesia gracias al sacramento de la Confirmación, son dotados por el Espíritu Santo de una fuerza especial. Esto los obliga aún más a

difundir y defender su fe tanto con sus palabras como con sus acciones, como fieles testigos de Cristo.

Al participar en el sacrificio eucarístico, fuente y ápice de toda la vida cristiana, ellos ofrecen la divina Víctima a Dios, y se ofrecen a sí mismos junto con ella. Así, pues, tanto por el acto de la oblación como por la santa comunión, todos desempeñan su parte correspondiente en este servicio litúrgico - por supuesto, no todos del mismo modo, pero cada cual del modo que para él es el más apropiado. Reconfortados en la mesa del Señor por virtud del cuerpo de Cristo, los fieles manifiestan de una manera visible y palpable esa unidad del pueblo de Dios de la cual este sacramento tan sublime es expresión cabal y a la vez artífice maravilloso.

Quienes se acercan al sacramento de la Penitencia, reciben por la misericordia de Dios el perdón de los pecados con que le han ofendido. Al mismo tiempo se produce su reconciliación con la iglesia a la que han herido con sus transgresiones, y la que con su amor, su ejemplo y sus plegarias lucha para hacerlos retornar al buen camino. Por medio de la unción con el Óleo Sagrado y las oraciones de sus sacerdotes, la iglesia entera encomienda a sus enfermos al Señor que padeció y fue glorificado en bien de la humanidad, rogándole que alivie el sufrimiento de los suyos y los sane (comp. Stg. 5:14-16). Además, la iglesia los exhorta (a los enfermos) a contribuir al bienestar de todo el pueblo de Dios, haciéndose, espontánea y pacientemente, partícipes de los sufrimientos y de la muerte de Cristo (comp. Ro. 8:17; Col. 1:24; 2 Ti. 2:11-12; 1 P. 4:13). Aquellos de entre los fieles que han recibido las Órdenes Sacerdotales son los encargados de nutrir a la iglesia en nombre de Cristo con la palabra y la gracia de Dios.

Finalmente, los esposos cristianos, en virtud del sacramento del Matrimonio, son imagen y a la vez partícipes del misterio de esa unión y amor fructífero que existe entre Cristo y su iglesia (comp. Ef. 5:32). Por lo tanto, los esposos se ayudan mutuamente en la noble tarea de llevar una vida matrimonial intachable, y de criar y educar a sus hijos como corresponde a cristianos. Y de esta manera, en su estado y en su forma de vivir, ellos disfrutan de su don particular entre el pueblo de Dios (comp. 1 Co. 7:7).

....

Fortalecidos con tantos y tan poderosos medios de salvación, todos los fieles, cualquiera sea su condición y su estado, son llamados por el Señor, cada cual a su manera, a esa santidad perfecta similar a la del Padre, el cual también es perfectamente santo (comp. Lv. 11:45). - *The Dogmatic Constitution of the Church*, párr. 11, en: *The Documents of Vatican* II, págs. 27 y sigtes.).

En el Concilio Vaticano II se dio forma concreta al deseo del Papa Juan XXIII de "abrir las ventanas y dejar que entre algo de aire fresco". El modo de lograrlo consistió en un *Aggiornamento*, quiere decir, en una renovación y puesta al día. Después de la muerte de Juan XXIII el Papa Paulo VI siguió adelante con el Concilio hasta su conclusión. Se cursaron invitaciones a observadores oficiales de las mayores iglesias no-católicas. En verdad, no se produjeron alteraciones en la enseñanza oficial de la iglesia (dogma); en cambio, hubo significativas reafirmaciones, aclaraciones y enmiendas a formulaciones tradicionales. Se pudo constatar además un intento genuino de tomar en consideración la sensibilidad de los no-católicos, y de abrir el camino al diálogo inter-cristiano. Como hecho de gran trascendencia cabe destacar también la revisión sustancial de las formas y prácticas litúrgicas, con resultados como: posibilidad de celebrar la Misa en lengua vernácula, de administrar el sacramento de la Eucaristía con ambas especies, de poner mayor énfasis en la predicación, etc.

Entre las religiones del mundo, los miembros de la iglesia católico-romana representan aproximadamente un 17 porciento.

III

EL INICIO DE LA REFORMA

A. La Iglesia Luterana

La Iglesia Luterana es una de las pocas iglesias cuya designación perpetúa el nombre de una persona. El nombre "luterana" no surgió por propia elección, sino que le vino desde afuera como apodo ridiculizante. Cuando Lutero lo oyó por primera vez, quedó no poco disgustado:

> En primer lugar, ruego que no se haga referencia a mi nombre; dejen a la gente llamarse cristianos, y no luteranos. ¿Qué es Lutero? Después de todo, la enseñanza no es mía, ni fui yo crucificado en bien de nadie (*Luther's Works*, Edición Americana, tomo 45, pág. 70; St. Louis, en alemán, tomo X, col. 370).

Pocos meses después, cuando se dio cuenta de que con la identificación como "luterano", de hecho se apuntaba al reconocimiento de que su enseñanza era correcta, el consejo de Lutero fue:

> Pero si ustedes están convencidos de que la enseñanza de Lutero está en conformidad con el evangelio, y la del papa no, entonces no debieran descartar a Lutero tan completamente, no sea que junto con Lutero descarten también su enseñanza, a la cual sin embargo reconocen como enseñanza de Cristo (op. cit., tomo 36, pág. 265).

Lo cierto es que toda vez que se menciona la "Reforma", el hombre en que primero se piensa, y al que más generalmente se asocia con este movimiento, es Lutero. Él es una de las pocas

El Inicio de la Reforma

personas que han ejercido una influencia sustancial en el curso de la historia. Mucho se ha escrito acerca de las profundas huellas que su actuar dejó en el campo nacional, literario y sociológico de la Alemania del siglo XVI. Lo que aquí nos interesa en particular es su impacto sobre la teología y la vida de la iglesia.

Lutero fue un hijo devoto de la iglesia católico-romana. Uno de sus rasgos prominentes fue su conciencia en extremo sensible. Una pregunta que constantemente le torturaba fue: "¿Cómo hago para hallar un Dios misericordioso?" Su conciencia le hizo ver la enormidad de su culpa y le impulsó a buscar con obstinación la manera de ser liberado de su pecado. La piedad medieval concebía a Dios como un Dios de justicia que premia las obras buenas y castiga las malas. También se le veía como fuente de gracia en el sentido de que dotaba a los hombres de un cierto grado de fuerza espiritual, capacitándolos así para producir buenas obras y cooperar con Dios en obtener la salvación y el favor divino. Lutero se atuvo en forma estricta a este esquema de religiosidad. Pero por más que tratara de vivir conforme a lo que él consideraba la "justicia de Dios" y a lo que esta justicia demandaba de él, no logró hallar la paz anhelada; al contrario, se hundió más y más en un estado de desesperación. Sólo cuando se le recomendó seriamente que debía apartar la vista de sí mismo, de su propio pecado y culpa, y fijarla en "las llagas de Cristo", sólo entonces se apaciguó su ánimo, y su pregunta por un Dios misericordioso halló la respuesta satisfactoria.

Este descubrimiento o redescubrimiento del evangelio revolucionó la vida entera de Lutero, su teología, su ética, su interpretación de las Escrituras, así como también su concepto acerca de lo que es "la iglesia". Ya no veía a Dios sólo como el Dios de justicia que demanda perfección, sino sobre todo como Dios de misericordia y amor, que por la gracia de Jesucristo concede a los hombres el perdón y la justicia como dones gratuitos; el majestuoso Creador del universo pasó a ser adorado como el Padre amoroso. Ya hacia el final de sus días, Lutero trajo a la memoria este vuelco decisivo en su carrera, acentuando en particular su dificultad en entender la frase de S. Pablo en Ro. 1:17: "la justicia de Dios". Tras largo bregar con este concepto, al fin se le abrió el sentido verdadero de este pasaje:

> Finalmente, por la gracia de Dios, reflexionando día y noche, puse la atención en el contexto de las palabras, a saber: "En el evangelio se revela la justicia de Dios, como está escrito: 'El que es justo por la fe, vivirá' ". Ahí comencé a entender que la justicia de Dios es esa justicia por la cual el justo vive en virtud de un don de Dios, o sea, mediante la fe. Y esto significa: la justicia de Dios se nos revela en el evangelio, quiere decir, la justicia pasiva con la cual el misericordioso Dios nos justifica por medio de la fe, como está escrito: "El que es justo por la fe, vivirá". Esto me hizo sentir como si de pronto hubiese nacido de nuevo, y como si hubiese entrado en el paraíso mismo por las puertas abiertas de par en par; y a partir de estos momentos se me abrió una visión enteramente distinta de la Biblia toda" (*Luther's Works*, tomo 34, pág. 337).

A causa del énfasis en la primacía del evangelio, el movimiento iniciado por Lutero llegó a llamarse "evangélico": la predicación y la enseñanza teológica, todo debía hacerse teniendo en mente el evangelio. Y como no podía ser de otra manera: una vez que Lutero hubo arribado a esta convicción, comenzó a rever y juzgar todos los aspectos de la enseñanza y práctica de la iglesia desde esta perspectiva. Y siendo que la certeza que Lutero había adquirido provino de su nuevo entendimiento de la carta de Pablo a los Romanos, el lenguaje y la línea de pensamiento de S. Pablo llegaron a dominar más y más el discurso teológico del Reformador. La justificación sólo por gracia, recibida por la sola fe fueron conceptos básicos que se constituyeron en el centro de sus formulaciones.

La posición que Lutero ocupaba en la Universidad de Wittemberg le dio la posibilidad de compartir sus descubrimientos con sus colegas y alumnos. Mediante sus numerosas obras teológicas, escritas a menudo en un estilo popular, Lutero ejerció una influencia que se extendió por buena parte de Europa, mucho más allá de su Sajonia natal. Lo que había empezado como ansiedad de un solo hombre que iba en busca de un Dios misericordioso, había tomado la forma de un poderoso movimiento religioso en pro de renovación y reforma. En 1530, un grupo de príncipes y otras autoridades, adherentes a la "nueva enseñanza", presentaron ante el emperador y la Dieta imperial reunida en Augsburgo su declaración de fe llamada la "Confesión de Augsburgo". Durante los próximos cincuenta años, a dicho documento se agregaron algunos otros a modo de suplemento y aclaración más detallada, pero la Confesión de Augsburgo conservó su lugar como afirmación primaria de la posición luterana, y las iglesias que la adoptaron se autodenominaron "iglesias de confesión augsburguiana". Decían: "Consideramos esta confesión un símbolo genuinamente cristiano que todos los cristianos fieles debieran aceptar además de la palabra de Dios, tal como en tiempos antiguos, la iglesia de Dios formuló símbolos y confesiones cristianas" (LC, pág. 540/41). "Tampoco intentamos, ni en esta declaración doctrinal ni en declaraciones futuras, apartarnos de la Confesión antes mencionada, ni tampoco componer una confesión diferente o nueva" (ibíd.). "Este símbolo distingue a nuestras iglesias reformadas (i.e. luteranas) del papado y de otras sectas y herejías condenadas" (LC, pág. 543).

El movimiento luterano se ha dado en llamar la "reforma conservadora". En efecto, conservar la herencia que la iglesia pasó de una generación a otra desde sus tiempos más remotos es una de las características del luteranismo. Los luteranos no dejan dudas acerca de su compromiso con los credos de la iglesia antigua, "aceptados como la fe y confesión unánime, católica (i.e. universal) y cristiana de la iglesia fiel a las enseñanzas bíblicas" (LC, pág. 497). Aceptaron asimismo el orden del año eclesiástico y las más de las formas litúrgicas tradicionales, y no se opusieron tampoco a continuar con los modelos habituales del régimen eclesiástico. También en estos puntos, el criterio a seguir lo extrajeron del evangelio. Aquellas tradiciones que se consideraban útiles para promover el orden y bienestar de la iglesia, y en consecuencia, favorecer la proclamación de la Buena Nueva, fueron aceptadas tal cual; aquellas que, si bien de cierta utilidad en sí, presentaban detalles considerados perjudiciales para el evangelio, fueron aceptadas en una forma depurada; y aquellas que a juicio de los luteranos eran claramente adversas al evangelio, fueron eliminadas. Los elementos de instrucción catequética de la iglesia antigua y medieval se siguieron usando, con agregados según conveniencia. A los sacramentos se los interpretó como formas adicionales del evangelio. Respecto del evangelio, Lutero escribió:

> El evangelio nos ofrece consejo y ayuda contra el pecado no sólo de una manera única, pues Dios es superabundante en dar su gracia. Primero, por la palabra oral, en la cual es predicada la remisión de los pecados en todo el mundo, lo cual constituye el oficio propio del evangelio. En segundo término, mediante el Bautismo. En tercer lugar, por medio del santo Sacramento del Altar. En cuarto, por medio del poder de las llaves y también por medio de la conversación y consolación mutua entre los hermanos (Art. de Esmalcalda III, Art. IV; LC, pág. 321).

El papel que los luteranos asignan al evangelio determina también su apreciación de la Biblia en general: Las Sagradas Escrituras son, en efecto, la palabra inspirada de Dios y expresan la voluntad de Dios para con la humanidad, lo que incluye las exigencias de su ley y su juicio sobre los transgresores; el centro empero es Jesucristo, el Verbo hecho carne, la revelación de la misericordia divina. Este mensaje del evangelio es no sólo el contenido principal de la Biblia sino también el principio básico para su interpretación. En conexión con el carácter justificador del evangelio se dice que

> presta un servicio valiosísimo para el entendimiento claro y cabal de toda la Escritura Sagrada; sólo el evangelio puede indicarnos el camino hacia el tesoro inenarrable y el conocimiento correcto de Cristo, y sólo él nos abre la puerta de acceso a la Biblia entera

(Apología de la Confesión de Augsburgo, Artículo IV conforme a la versión alemana, cit. en la *Concordia Triglotta*, St. Louis: Concordia Publishing House, 1921, pág. 121).

A diferencia de lo que era la práctica en el siglo XVI, los luteranos no mostraron un interés particular en definir el límite de la lista de libros pertenecientes al canon bíblico; se conformaron con hablar de "los escritos proféticos y apostólicos del Antiguo Testamento y del Nuevo". Lo que importaba ante todo era que en las Escrituras, los lectores y/u oyentes se vieran confrontados con el Dios de misericordia en Jesucristo, por virtud del cual los hombres son liberados del castigo del Dios de justicia.

Los luteranos definen a la iglesia como "la asamblea de todos los creyentes, entre los cuales se predica genuinamente el evangelio y se administran los sacramentos de acuerdo al evangelio" (Conf. de Augsburgo, Art VIII, LC, pág. 30). La organización externa y la estructura del régimen eclesiástico no son partes esenciales de esta definición. Al ministerio se lo ve no como institución alineada en la sucesión apostólica, sino como una función, un instrumento para asegurar la predicación del evangelio y la administración de los sacramentos. Dado que la asamblea o congregación local de los creyentes se reúne en torno de la predicación de la palabra y la administración de los sacramentos, los medios por los cuales el Espíritu Santo hace que Cristo "esté presente en medio de ellos" (Mt. 18:20), ella (la congregación local) goza de toda la autoridad otorgada a la iglesia como un todo.

Para los luteranos, la ética cristiana no es ni más ni menos que un producto de la fe en Cristo. Por lo tanto, las buenas obras del cristiano emanan de su calidad de ser una persona justificada por la fe; nada tienen que ver con una obtención o un aumento de méritos en la relación entre el creyente y Dios. "Ya que mediante la fe se concede el Espíritu Santo, también se capacita el corazón para hacer buenas obras" (Conf. de Augsburgo, XX, 29. LC, XX, 27, pág. 36).

De las iglesias surgidas de la Reforma del siglo XVI, la luterana es la que cuenta con el mayor número de miembros: unos 70.000.000, de los cuales entre 9 y 10 millones viven en los Estados Unidos y Canadá. Aproximadamente 50 millones están agrupados en la Federación Luterana Mundial. La gran mayoría de los feligreses en la Europa septentrional (Dinamarca, Noruega, Suecia, Finlandia y el norte de Alemania) igualmente están afiliados a la iglesia luterana (Datos de 1980).

B. LA IGLESIA PROTESTANTE EPISCOPAL (LA COMUNIÓN ANGLICANA)

Al llamarse "Protestante Episcopal", esta iglesia se auto-define como no-católica, con un régimen eclesial constituido por una jerarquía ministerial con diferentes grados (obispos, sacerdotes y diáconos). Aunque completamente independiente, la Iglesia Protestante Episcopal es la rama estadounidense de la Comunión Anglicana, que a su vez está presente en todas las latitudes, pero siempre asociada con la Iglesia de Inglaterra. Esencialmente, en dicha comunidad reina un acuerdo tanto en la doctrina como en lo concerniente a las reglas de conducta y adoración.

La ubicación geográfica de las islas británicas contribuyó a que el grado de control ejercido por la iglesia romana fuese bastante menor que en las iglesias del continente europeo. Además, la historia política incidió en forma notable en el desarrollo de la doctrina y práctica de aquella iglesia. Al forzar la separación de la tutela papal, el rey Enrique VIII logró dar al poder real la supremacía no sólo en el Estado sino también en la Iglesia de Inglaterra, si bien él personalmente se mostró muy poco inclinado a introducir cambios en doctrina alguna de la iglesia romana. Al mismo tiempo, las publicaciones de la Reforma luterana en Alemania y, algo más tarde, de la Reforma calvinista en Suiza, hallaron entrada en Inglaterra, causando un fuerte impacto sobre la fe y el pensamiento religioso del pueblo. Bajo el rey Eduardo VI, hijo de Enrique VIII, fueron compuestos el *Libro de oración Común* (que contiene en un solo volumen los artículos de fe y todos los ritos, ceremonias y otras formas prescritas de la Iglesia de Inglaterra) y los *42 Artículos de la Religión*. Al ascender al trono la reina Isabel I, decidió que sería conveniente para los intereses de su país alinearse con los países protestantes de Europa. Para neutralizar en lo posible el efecto de las discordancias existentes entre católico-romanos, luteranos y calvinistas, la reina dispuso que se redactara una declaración de fe que fuese aceptable para todos sus súbditos, o al menos para la mayoría de ellos. Así se llegó a la formulación de los 39 Artículos, la así llamada "Disposición Isabelina" (*Elizabethan Settlement*), que se esforzó en seguir una "política abarcativa". La Iglesia de Inglaterra deseaba ser "católica, pero no romana; protestante, pero ni luterana ni calvinista", a pesar de que todos estos elementos diferentes estuvieron muy lejos de haber perdido su fuerza.

Como interesante nota marginal, y cuasi ironía de la historia, puede mencionarse el hecho de que uno de los títulos del soberano británico es "Defensor de la Fe". Le fue otorgado al rey Enrique VIII por el papa en reconocimiento del ataque de este monarca contra Martín Lutero. Y este título no se abolió hasta el día de hoy, pese a que en la actualidad, el soberano británico es el "Defensor" de una "Fe" algo diferente.

Con el correr de los tiempos se formaron en el anglicanismo tres expresiones distintas de fe y adoración, conocidas como "iglesia alta", "iglesia baja" e "iglesia amplia". La "iglesia alta", o según otra designación, el anglo-catolicismo, tiende a perpetuar o restaurar el catolicismo antiguo, pre-romano, con un fuerte acento en el culto litúrgico y sacramental. La "iglesia baja", llamada también "evangelical", es menos formal en sus servicios religiosos, da más importancia a la predicación, y en su doctrina sigue ante todo la línea calvinista. Con "iglesia amplia" se designa un movimiento que minimiza las diferencias doctrinales a costa de un enfoque más bien intelectual, y por lo general se identifica con un liberalismo teológico.

> Consecuente con su declarado propósito de ser tanto católica como protestante, la iglesia anglicana combina el ritual y la organización del catolicismo con una forma moderada de calvinismo. Los episcopales se resisten a las "añadiduras del romanismo y a las reducciones del protestantismo" (William J. Whalen, *Separated Brethren*. Milwaukee: The Bruce Publishing Co., 1961, pág. 61).

A partir de 1888, las iglesias de la Comunidad Anglicana ven en el así llamado Cuadrilátero de Lambeth una plataforma suficiente para el establecimiento de la unidad de todos los cristianos:

> ~ Las Sagradas Escrituras del Antiguo y Nuevo Testamentos como "suma de todo lo que es necesario para la salvación", y además, regla y estándar normativo definitivo de la fe.
> ~ El Credo Apostólico como el símbolo bautismal, y el Credo Niceno como declaración suficiente de la fe cristiana.
> ~ Los dos sacramentos ordenados por Cristo mismo -Bautismo y Santa Cena- administrados conforme a las palabras con que Cristo las instituyó, y con los elementos que él dispuso para ello.
> ~ El episcopado histórico (sucesión apostólica) con adaptación local, en cuanto a los métodos de su administración, a las necesidades particulares de las naciones y los pueblos que Dios ha llamado a la unidad de su iglesia (F.E. Meyer, *The Religious Bodies of America*, 4. ed., revis. por Arthur Carl Piepkorn, St. Louis: Concordia Publishing House, 1961, pág. 275).

La Comunidad Anglicana de la cual la Iglesia Protestante Episcopal de los Estados Unidos forma parte, es un cuerpo eclesiástico extendido por sobre el mundo entero, tal como el Imperio Británico fue en sus tiempos un "reino en que nunca se ponía el sol". En efecto: existen ramas del anglicanismo en todos los continentes: en Canadá, Sudáfrica, India, Australia, Nueva

Zelanda, Hong Kong, en fin, en todo lugar donde solía flamear la bandera británica, y además, también en Sudamérica. En cuanto al número de feligreses, la Comunidad Anglicana figura en segundo lugar entre las iglesias protestantes en el mundo, superada sólo por los afiliados a la Iglesia Luterana. El total de miembros bautizados se estima en unos 20 a 25 millones, de los cuales más de 3 millones residen en los Estados Unidos.

La Iglesia Episcopal tiene, a juicio de ella misma, una marcada afinidad con la Iglesia Ortodoxa Oriental. Esto se refleja en el hecho de que lanzó la así llamada teoría "ramal", según la cual, las iglesias cuyo origen se remonta a la era pre-reformatoria, y que poseen un ministerio de ininterrumpida sucesión apostólica, son las ramas legítimas de la Iglesia Católica. Iglesias de esta índole, dicen, son la Ortodoxa, la Católica Romana, la Vétero-católica, y las Iglesias Anglicanas.

Las mismas tendencias y movimientos que caracterizan al anglicanismo en Gran Bretaña se registran también en la Iglesia Episcopal de los Estados Unidos y otras regiones.

IV
LAS IGLESIAS REFORMADAS DE TRADICIÓN CALVINISTA

Después de la Guerra de los Treinta Años (1618-1648), a la mayoría de los grupos protestantes no-luteranos se los designó con el nombre colectivo de "Iglesias Reformadas". Sus rasgos distintivos derivan en buena parte de la Reforma suiza y la teología de Ulrico Zwinglio (Zurich, Suiza alemana), y en particular de Juan Calvino (Ginebra, Suiza francesa).

La Reforma en Suiza comenzó más o menos simultáneamente con la obra de Lutero en Alemania. Por un tiempo, ambos movimientos se desarrollaron en forma del todo independiente una de otra. Zwinglio era un ferviente patriota que levantó su voz de protesta en contra del reclutamiento de jóvenes suizos para el servicio de mercenarios en ejércitos extranjeros, incluso en los del papa. Se opuso también a la veneración de reliquias expuestas en un relicario dedicado a la Virgen María, en la pequeña localidad donde él servía como sacerdote. Llegó a la convicción de que la relación entre Dios y los hombres no pasa por reliquias, y que "el Espíritu Santo no tiene necesidad de vehículos". Como humanista que era, Zwinglio tenía un interés especial en restaurar el estilo de vida que imperaba en la iglesia antes de su degeneración por culpa de siglos de tradiciones y ceremonias humanas. Su deseo era reformar el culto y las costumbres antes bien que la teología, y para lograrlo, estimaba que una legislación apropiada era un medio más eficaz que el evangelio. Su reforma era, al menos en la superficie, mucho más radical que el método conservador empleado por Lutero. Su obra se caracterizaba por un vigoroso activismo político y social.

Zwinglio y Lutero no se encontraron más que una sola vez. Fue en ocasión de la reunión organizada por el landgrave Felipe de Hesse en Marburgo, año 1529, con miras a zanjar las diferencias teológicas entre estos dos líderes, a fin de que ambos movimientos reformatorios, el alemán y el suizo, pudieran presentar un frente unido en la contienda con Roma. Si bien se evidenció un consenso en más de un artículo, quedó como barrera insalvable la divergencia de puntos de vista en cuanto a la naturaleza de Cristo y su presencia en la Santa Cena. Lutero sostenía la "presencia real" del cuerpo y la sangre de Cristo "en, con y bajo" el pan y el vino, Zwinglio en cambio la negaba. Para él, la presencia es "espiritual" o simbólica. De acuerdo con su axioma de que "lo finito es incapaz de contener lo infinito", Zwinglio insistía en que para la humanidad (la naturaleza humana) de Cristo no era posible estar presente al mismo tiempo en más de un solo lugar. Así fue que el Coloquio de Marburgo, de varios días de duración, terminó con un resultado negativo: no se pudo lograr un consenso en cuanto a ese tema fundamental. Y pese a los intentos hechos desde aquel entonces hasta nuestros días, los reformados y los luteranos siguen cada uno por su propio camino.

Zwinglio murió en el campo de batalla de Kappel, año 1531; su sucesor fue Enrique Bullinger.

Algunos años más tarde, Ginebra llegó a ser el centro de una notable actividad reformatoria bajo la conducción de Juan Calvino, un francés que había aceptado la fe de la Reforma, lo que le valió la expulsión de su país natal. Calvino fue un hombre de una inteligencia y erudición sobresalientes, uno de los pensadores más sistemáticos de su tiempo. Con sincera devoción se dedicó a la tarea de reformar todo cuanto necesitaba ser reformado, no sólo en la iglesia sino también en la sociedad, en el campo laboral, en el comercio, y en el mismo gobierno. Gradualmente, Calvino asumió el control total sobre la ciudad de Ginebra, y a través del Consejo municipal puso en marcha leyes y ordenanzas que reglamentaban todas las manifestaciones de la vida comunitaria, incluso detalles relativos a los negocios y a la convivencia ciudadana, tales como control de precios y divertimientos. Ginebra adquirió fama de ser la "Roma protestante", a la cual acudían numerosas personalidades destacadas del mundo religioso para asesorarse con Calvino y conocer de cerca sus enseñanzas. Su influencia se extendió mucho más allá de las fronteras de Suiza y le granjeó gran cantidad de adeptos en Francia, oeste y sur de Alemania, Los Países Bajos y las Islas Británicas, Escocia en particular. Los grupos de emigrantes que vinieron de Gran Bretaña y Holanda para establecerse como colonos en Norteamérica trajeron consigo su teología y estilo de vida calvinistas (ante todo en Nueva Inglaterra y en las zonas centrales); y para gran parte de los Estados Unidos, tales o cuales variantes históricas del calvinismo llegaron a ser el factor dominante en la modelación de las ideas estadounidenses acerca de religión y cultura.

Calvino fue un devoto apasionado de la Biblia como expresión clara y precisa de la voluntad de Dios, de ese Dios que reina como soberano absoluto sobre todos los órdenes de la vida y a cuya glorificación debe servir toda actividad humana. En torno de estos dos grandes temas giraba la existencia entera de Calvino. Para ensalzar la soberanía divina, Calvino enseñaba que Dios emitió una serie de decretos eternos e inmutables respecto de la Creación, la obra redentora de Cristo, y la salvación o condenación de los seres humanos. Según el concepto de Calvino, hay una doble predestinación: Dios elige o predestina a unos para ser salvos, con el fin de glorificar su gracia, y a otros para ser reprobados o condenados, con el fin de glorificar su justicia.

Llamamos predestinación al decreto eterno de Dios en razón del cual él determinó consigo mismo qué destino le habría de dar a cada persona. Pues no todos han sido creados en condiciones iguales; antes bien, para unos ha sido predeterminada la vida eterna, y para otros, la eterna condenación (Juan Calvino, *Instituciones de la religión cristiana*, Libro III, cap. XXI, 5; de. John T. McNeill, trans. Ford Lewis Battles, en *The Library of Christian Classics,* Vol. XXI, Philadelphia: The Westminster Press,

1960, pág. 926).

Donde esta posición de Calvino fue adoptada casi al pie de la letra fue en la Confesión de Westminster, norma de fe de los presbiterianos. En el cap. III, Del Decreto Eterno de Dios, se dice:

I. Desde toda la eternidad, Dios dispuso en forma libre e inmutable, mediante el sabio y santo consejo de su propia voluntad, todo cuanto habría de acontecer; pero no por esto, Dios es el autor del pecado, ni se deja la violencia librada al criterio de las criaturas, ni queda abolida sino antes bien confirmada la libertad o contingencia de causas secundarias.

III. Por decreto de Dios, y para la manifestación de su gloria, parte de los hombres y ángeles están predestinados para vida perdurable, y otros, para muerte perdurable (The Westminster Confession, en: *Creeds of the Churches*, de John H. Leith, Garden City: Anchor Books, 1963, pág. 198).

El razonamiento de Calvino era el siguiente: Si no fuese la voluntad de Dios que algunos habrían de perecer, éstos no perecerían, de lo contrario, Dios no sería soberano. Más aún: una vez que Dios ha decretado la salvación de ciertas personas, estas personas forzosamente tienen que alcanzar la salvación, sea cual fuere su comportamiento; de lo contrario, Dios no sería soberano.

No todas las criaturas están incluidas en los planes divinos de redención; pero todas tienen la obligación de glorificar al Dios soberano con su vida, de cualquier forma que les fuere posible. Todas las personas -se dice- están dotadas de una gracia "común", que las capacita para glorificar a Dios a nivel del hombre natural. Únicamente los "salvados" son los destinatarios de la gracia "especial" para la salvación.

Para Calvino, la iglesia está compuesta por dos grupos diferentes. El conjunto de los escogidos constituye la iglesia verdadera, que es invisible, ya que nadie sino Dios sabe quiénes son estos escogidos. Todos los que son miembros nominales de la comunidad cristiana componen la iglesia visible. A la Iglesia y al Estado se los considera copartícipes en la tarea de formar y gobernar a la sociedad. Puesto que la Biblia habla de "ancianos" en la iglesia, el tipo bíblicamente prescrito del régimen eclesiástico es el presbiterial (del griego *presbyteros* - anciano), con ancianos en la enseñanza y en el gobierno (de la congregación).

Una de las características más sobresalientes en la tradición de la Reforma calvinista es su diferencia del catolicismo romano y ortodoxo por una parte, y del luteranismo por la otra, con respecto a la doctrina acerca de los sacramentos. Los calvinistas fijan el número de sacramentos en dos, Bautismo y Santa Cena, los católicos romanos y ortodoxos insisten en que son siete; los luteranos reconocen como sacramentos el Bautismo y la Santa Cena; en cambio, "no dan mucha importancia a que otros, quizás por razones didácticas, cuenten de otro modo, con tal que se atengan correctamente a lo que se manda en la Escritura" (comp. Apología de la Conf. de Augsburgo, cap. XIII, LC, pág. 201). Para los reformados, el énfasis recae en el carácter simbólico. Ellos ven un paralelismo de vasto alcance entre los ritos veterotestamentarios de la circuncisión y la pascua, y los sacramentos institutos por Cristo. Tal como la circuncisión era la señal exterior de que el niño ingresaba en la familia del pueblo escogido de Israel, así el Bautismo es la señal exterior de que la criatura entra como miembro en la comunidad cristiana. El Bautismo no opera la regeneración, sino que simboliza lo que ha ocurrido independientemente del Bautismo por medio de una operación directa del Espíritu Santo. Lo que más se acentúa es, al parecer, la acción de la comunidad cristiana en obediencia al mandato de Cristo, como acto de declaración pública de que la persona que está siendo bautizada es un miembro de la comunidad. Así como en el Antiguo Testamento, el hijo de un israelita era un israelita por nacimiento, el hijo de padres cristianos ya está incluido en el pacto del pueblo de Dios por nacimiento.

Muy similar es el concepto que los reformados tienen respecto de la Santa Cena. La cuestión no es que en este sacramento "se nos da perdón de pecados, vida y salvación" (Catecismo Menor de M. Lutero), sino que certifica y confirma la promesa que Dios nos hace, independientemente del sacramento. Tal como la pascua era una fiesta con que se conmemoraba la liberación de la esclavitud egipcia, operada por la mano de Dios, así la Santa Cena es un acto conmemorativo de lo que Cristo hizo por nosotros, pero no es el vehículo que lleva hacia nosotros los beneficios que Cristo consiguió para nosotros mediante su obra redentora. Una vez más aparece el concepto del "acto": la celebración de la Santa Cena es un acto de obediencia a Cristo, el Señor, con el cual la comunidad cristiana afirma públicamente que los comulgantes son miembros de esa comunidad. Unas pocas citas de las confesiones reformadas de mayor autoridad nos mostrarán dónde están puestos los acentos.

Estos sacramentos, tanto los del Antiguo Testamento como los del Nuevo, fueron instituidos por Dios no sólo para *hacer una distinción visible* entre su pueblo y la gente no comprendida en su pacto, sino también para *ejercitar la fe* de sus hijos y, mediante la participación en estos sacramentos, sellar en sus corazones la garantía de su promesa. (La Confesión escocesa de fe, cap. XXI, en Arthur A. Cochrane, *Reformed Confessions of the 16th Century*. Philadelphia: The Westminster Press, 1966, pág. 179. El énfasis, en esta cita y en las siguientes, es de autoría nuestra).

(Los sacramentos) son *señales y sellos visibles*, santos, instituidos por Dios para que mediante su uso, él pueda *revelarnos y sellarnos* tanto más plenamente la promesa del evangelio (Catecismo de Heidelberg, QU. 66; Cochrane, pág. 316).

El pan y la copa del Señor... se me dan como *señales* seguras del cuerpo y de la sangre de Cristo (Cat. de Heidelberg, QU. 75; Cochrane, pág. 316).

Los sacramentos son *señales y sellos* santos del pacto de gracia, instituido por Dios independiente de medios, para *representar* a Cristo y sus beneficios, y para *fortalecer* nuestro interés en él, como así también para marcar una *diferencia visible* entre quienes pertenecen a la iglesia, y el resto del mundo... (Confesión de Westminster, cap. XXVII; Leith, pág. 223).

El Bautismo es *una señal y un sello* del pacto de gracia, del estar injertado en Cristo, de la regeneración, de la remisión de los pecados, y de la entrega a Dios (Conf. de Westminster, XXVIII, Leith, pág. 224).

A modo de comparación, véase dónde ponen el acento los luteranos:

En cuanto al uso de los sacramentos se enseña que éstos fueron instituidos no sólo como distintivos para conocer exteriormente a los cristianos, sino que son señales y testimonios de la voluntad divina hacia nosotros *para despertar y fortalecer nuestra fe* (Conf. de Augsburgo, XIII; LC, pág. 31).

El Bautismo *efectúa* perdón de los pecados, *redime* de la muerte y del diablo y da la salvación eterna a todos los que lo creen, tal como se expresa en las palabras y promesas de Dios (Catecismo Menor de M. Lutero, IV; LC, pág. 363).

Todo cuanto se ha de predicar acerca de los sacramentos, y por decirlo brevemente, todo el evangelio y todas las funciones dentro de la cristiandad, todo ello va dirigido hacia *la remisión de pecados* (Cat. Mayor de M. Lutero, Credo, 54; LC, pág. 445:54).

En épocas subsiguientes se produjeron significativas modificaciones en algunos de los puntos en que había insistido Calvino, modificaciones en dos direcciones: hacia un mayor rigor, y hacia una mayor moderación. Una de las mayores divisiones en el seno del protestantismo reformado surgió en Holanda, en la ciudad de Dort, 1618-1619. A raíz de la fuerte oposición a ciertos principios básicos del calvinismo se decidió convocar un Concilio con miras a dar solución a la controversia. Un teólogo holandés de nombre Jacobo Hermaans, o Arminio, había atacado en forma vehemente el sistema teológico de Calvino, y hubo no pocos que le apoyaron (los 'arminianos', como se los dio en llamar). El ataque arminiano iba dirigido contra cinco de los puntos más importantes del calvinismo, representados por el acróstico (en inglés) t-u-l-i-p:

CALVINISMO	ARMINIANISMO
1. Total depravación del género humano.	El hombre posee libre albedrío y es capaz de cooperar con Dios.
2. Elección incondicional (en ingl.: Unconditional elect.).	Elección condicionada por el comportamiento del hombre.
3. Limitada reconciliación (solamente los elegidos).	Reconciliación universal.
4. Irresistible gracia.	El hombre tiene poder para resistir o aceptar (la gracia).
5. Perseverancia en la gracia.	El hombre puede caer, y no puede estar plenamente seguro de su salvación.

(comp. Mayer, págs. 225 y sigte.).

Desde el sínodo de Dort, la familia reformada quedó dividida, de modo que hay razones para hablar de iglesias reformadas calvinistas, e iglesias reformadas arminianas.

Entre la larga lista de declaraciones de fe que brotaron del suelo de la Reforma calvinista, las que ejercieron una influencia más general y duradera fueron quizás las Instituciones de la Religión Cristiana, de Calvino, el Catecismo de Heidelberg, la Confesión Escocesa de fe, y los Estatutos de Westminster.

Ninguno de los cuerpos eclesiásticos de hoy día se atiene sin variante alguna a los sistemas doctrinales expuestos en estos documentos. Además, siendo tan grande el número de confesiones reformadas, prácticamente ninguna de ellas puede reclamar para sí la aceptación y el compromiso por parte de las iglesias como es el caso con las confesiones luteranas.

De las principales denominaciones de tradición calvinista mencionaremos a los Presbiterianos, los Bautistas, y las iglesias reformadas de Holanda y Alemania. Como todas tienen en común no pocas enseñanzas de la tradición calvinista, no será necesario abundar en mayores detalles acerca de cada una de ellas.

A. LA IGLESIA PRESBITERIANA

Los presbiterianos llegaron a los Estados Unidos desde Inglaterra vía Ginebra y Escocia (en los Estados Unidos, el número de sus miembros se eleva a unos 4 millones). El clérigo escocés Juan Knox pasó alrededor de cinco años en Ginebra junto a Calvino, familiarizándose con el sistema teológico de éste. Regresado a Escocia, se dedicó con gran éxito a reformar y organizar la iglesia de su país conforme al modelo calvinista, y en cosa de unos pocos días compuso la Confesión Escocesa de Fe. La iglesia escocesa entró en una fuerte oposición contra el catolicismo romano (María, reina de los escoceses) por una parte, y más adelante también contra la Iglesia Anglicana. Para los seguidores de Knox, la Iglesia de Inglaterra era un cuerpo corrupto, en el cual todavía quedaba mucho de la vieja levadura papista, ante todo en la esfera de su "prelacía", es decir, en el sistema episcopal del gobierno eclesiástico. Esta oposición al "establishment" anglicano se manifestó en un puritanismo riguroso y ascético, empeñado en purificar a la iglesia y a la sociedad.

El puritanismo llegó a constituir un importante factor de poder en la Inglaterra del siglo XVII. A él se debe en buena parte la derrota de las tropas reales y la destitución del rey mismo (Carlos I) a instancias de Oliverio Cromwell. Mientras Cromwell regía los destinos del país como Lord-Protector, se encaró una reforma de la iglesia al estilo puritano. El parlamento ordenó la composición de los Estatutos de Westminster en que se delineaban las enseñanzas y prácticas, la disciplina y el gobierno de la iglesia, y que habrían de reemplazar el modelo anglicano. Sin embargo, al cabo de unos pocos años se produjo la restauración tanto de la monarquía como de la Iglesia Anglicana, y la influencia del presbiterianismo en Inglaterra declinó en forma notable.

En Estados Unidos, las cosas siguieron un camino muy diferente. Los más de los inmigrantes británicos en las primeras fases de la colonización eran puritanos antes que anglicanos, debido a que en Inglaterra, los puritanos se vieron limitados más y más en el libre ejercicio de su religión.

Tres cuartas partes de todos los presbiterianos residentes en Estados Unidos son miembros de la Iglesia Presbiteriana Unida Estadounidense. En el año 1967, la Asamblea General de dicha iglesia adoptó un Libro de Confesiones consistente en una colección de nueve credos, para demostrar su conexión con la iglesia antigua (Credo Niceno, Credo Apostólico), la tradición reformada (Confesión Escocesa, Catecismo de Heidelberg, Segunda Confesión Helvética, Confesión de Westminster y su Catecismo Menor y la Declaración Teológica de Barmen de 1934), y para dar expresión a su fe en un lenguaje y patrón de pensamiento modernos (Confesión de 1967).

B. LAS IGLESIAS REFORMADAS

Algunos cuerpos eclesiásticos incluyen la palabra "Reformada" en su nombre oficial. La Iglesia Reformada en América, de origen holandés, es uno de los primeros grupos cristianos en suelo estadounidense; su historia se remonta al comienzo mismo de la época colonial. Otra comunidad de trasfondo holandés es la Iglesia Cristiana Reformada, especialmente fuerte en el Estado de Michigan. Existen además la Iglesia Reformada Húngara en América, las Congregaciones Reformadas Neerlandesas, las Iglesias Reformadas Protestantes en América, la Iglesia Reformada en los Estados Unidos, todas ellas relativamente pequeñas en cuanto al número de feligreses. En general, todas estas iglesias reformadas están ubicadas en la tradición del calvinismo histórico y siguen las enseñanzas calvinistas con ligeras variaciones.

C. Los Bautistas

Según la descripción que hace de ellos un bautista:

¿Qué es un bautista? Un bautista es un fiel seguidor de Jesucristo, que se esfuerza sinceramente por andar en los pasos del Maestro entre sus semejantes; es una persona que cree firmemente en el principio bautista de la libertad religiosa; que ha sido bautizado por inmersión, y que es miembro de una iglesia parroquial que se identifica a sí misma con el nombre de Bautista.

Los bautistas creen que la religión es una relación personal entre el alma humana y Dios. En este reino no se admiten intrusos, sean de la índole que fueren: sistema eclesiástico, reglamentación gubernamental, ordenanzas, sacramento, predicador, o sacerdote. La gracia salvífica de Cristo y la infinita misericordia de Dios están a disposición de todo individuo, sin mediación de sacerdote alguno ni de ministro ni de sistema ni de iglesia. Los bautistas creen en el "sacerdocio de todos los creyentes" (William B. Lipphard, "What Is a Baptist? en Leo Rosten, *Religion in America*, N. York: Simon and Schuster, 1963, pág. 15).

Los bautistas dicen reflejar fielmente la imagen de la iglesia neotestamentaria tal como la fundó Jesucristo mismo. Hay quienes creen ver las raíces del movimiento bautista en los anabaptistas y menonitas del siglo XVI. Más probable es, empero, que haya surgido algo más tarde, en Inglaterra, como parte del movimiento de los "disidentes" o separatistas. Entre los muchos que cuestionaban a la iglesia existente y su sistema jerárquico, unos creían en la posibilidad de purificar a la iglesia desde adentro: eran los puritanos (presbiterianos); otros, en cambio, estaban convencidos de la inutilidad total de intentar una reforma de esta índole, y de que la única salida que quedaba era la separación completa: éstos eran los "separatistas". De éstos, a su vez, nacieron al menos dos corrientes distintas, de acuerdo con su grado de oposición contra un gobierno eclesiástico superior: (a) los que sostenían que cada grupo local de creyentes (congregación) es plenamente autónomo: los congregacionalistas, y (b) los que iban más lejos aún, insistiendo en que cada creyente en particular es soberano bajo el gobierno del Señor Jesucristo: los bautistas.

La 'libertad religiosa' a que hace referencia la mencionada declaración de William Lipphard debe tomarse en su sentido pleno, global, no sólo como la libertad de cada cual de practicar su religión sin interferencia estatal, sino también como libertad de todo cristiano en particular respecto de su fe y práctica religiosas, sin intromisión alguna de parte de autoridades eclesiásticas.

Este concepto que los bautistas tienen acerca de la soberanía del individuo bajo el señorío de Jesucristo lleva a las siguientes consecuencias lógicas:

1. Todo cristiano debe tener la libertad de interpretar él mismo la Biblia.
2. Todo cristiano debe tener la libertad de tomar su propia decisión en cuanto a su membrecía en la iglesia. Ninguna superioridad eclesiástica, ni nacional ni local, puede hacerle prescripciones ni imponerle su voluntad. Su participación en la obra de la iglesia local o en otra parte queda librada a su propio criterio.

3. Nadie tiene el derecho de dictar a otro su sistema de fe, su credo. Durante toda su historia, los bautistas se han opuesto a la formulación de credos oficiales, lo que no quiere decir, empero, que los cristianos bautistas carezcan de credo; el hecho es que a cada individuo se le debe conceder el derecho de hacer su declaración de fe con sus propias palabras.

4. Solamente las personas que ya han llegado a la fe, y que expresan el deseo de ser bautizadas, deben recibir el Bautismo; sería una tiranía espiritual administrar el Bautismo a alguien que presenta objeciones, o a un infante que no está en condiciones de objetar.

5. Es más apropiado hablar de "iglesias" bautistas, y no de "la iglesia bautista".

A la pregunta: ¿Por qué los bautistas prefieren ser llamados una "denominación" en lugar de una "iglesia"?, W. Lipphard responde:

> La razón es que la mayoría de los bautistas no admiten constituir una "iglesia", sino que están organizados como "iglesias" locales. La iglesia parroquial local es la unidad eclesiástica soberana, investida de todos los poderes.
>
> Los bautistas no poseen una jerarquía, ni un control centralizado sobre la actividad religiosa, ni una supervisión ejercida desde una sede central sobre las iglesias, o liturgias, o prácticas, o reglamentaciones. La iglesia parroquial local vive bajo sus propias leyes. Su relación con otras iglesias, su asentimiento a recomendaciones emanadas de centrales eclesiásticas nacionales, su aceptación de cualquier resolución formulada por una convención, es enteramente voluntario, sin el más mínimo grado de compulsión (Lipphard, págs. 16,17).

6. Cabría suponer entonces que existe un número considerable de agrupaciones separadas o independientes de bautistas. Y en efecto, éste es el caso. Los aproximadamente 20 millones de

bautistas en los Estados Unidos están divididos en 27 segmentos. La mayoría de ellos son bautistas "particulares" o calvinistas, mientras que otros se identifican más estrechamente con los principios arminianos y se llaman bautistas "generales".

7. Todo bautista es un sacerdote ante Dios, y como tal tiene el deber de ejercer su sacerdocio mediante su participación personal en la obra y la misión de la iglesia.

8. Todo esto torna imposible que exista una supervisión o un control autoritativo respecto de lo que los bautistas creen y enseñan. Y como no hay declaraciones oficiales de fe, tampoco puede haber falsa "doctrina" en el sentido estricto de la palabra. Conservadorismo extremo, liberalismo extremo, y los más variados matices entre uno y otro, todo esto tiene cabida legítima, en las iglesias bautistas.

V
LAS IGLESIAS REFORMADAS DE TRADICIÓN ARMINIANA

Como acaba de exponerse, el calvinismo destacaba ante todo la soberanía absoluta de Dios, que se expresa en sus decisiones eternas e inmutables, y la correspondiente sujeción total del hombre a la soberana voluntad de Dios en todos los órdenes de la vida. Dentro de este esquema desempeñaba un papel importante el decreto incondicional divino acerca de la elección, o predestinación, y su consecuencia lógica, el concepto de una reconciliación limitada. Recordamos que en el círculo de los reformados, estas enseñanzas suscitaron la enérgica oposición del teólogo holandés Jacobo Arminio y sus adherentes, los arminianos. Desde sus comienzos en los albores del siglo XVII, el arminianismo se convirtió en una de las corrientes más fuertes dentro de la tradición reformada. Los principales cuerpos eclesiales provenientes de la teología arminiana son los Metodistas, los grupos de Santidad, el Ejército de Salvación y organizaciones afines.

Para reducirlo a la definición más simple: Mientras el calvinismo hacía hincapié en una teología centrada en Dios, su voluntad y sus actos, el arminianismo ponía las miras en el hombre, destacando las facultades naturales del ser humano, su libre albedrío, sus acciones, sus sentimientos interiores. En medida mayor o menor, estas características se pueden observar en todos los miembros de la familia arminiana.

A. LA IGLESIA METODISTA

El metodismo debe su origen, su desarrollo y su orientación

definitiva en buena parte al carácter, los esfuerzos y la influencia de un solo hombre, Juan Wesley, el tercero de los grandes líderes del protestantismo, después de Lutero y Calvino.

El pujante movimiento iniciado por J. Wesley tuvo como punto de partida la reacción contra un conjunto de circunstancias históricas en Inglaterra. Cuando se creó la Iglesia de Inglaterra, siglo XVI, bajo la reina Isabel I, se abrigaba la esperanza de que su teología sería lo suficientemente flexible como para permitir que cristianos de diversa orientación se unieran en una sola iglesia nacional. Como ya hemos visto, en el siglo XVII se hizo un intento originado en la Escocia calvinista de reformar o "purificar" a la iglesia desde adentro. Producto de este emprendimiento fueron los Estatutos de Westminster de la Iglesia Presbiteriana. Sabemos también que el efecto fue de poca duración. El control de los asuntos volvió a caer en manos del "establishment", integrado por la Corona, la iglesia, la nobleza, la prensa (católica y antirepublicana), y la clase social y económicamente alta. Como consecuencia, la teología de la iglesia sufrió la invasión del 'deísmo' (fe en la existencia de un 'Ser Supremo' impersonal) y del racionalismo (doctrina que sólo acepta la autoridad de la razón y rechaza todo cuanto no se puede conciliar con ésta). Como no podía ser de otra manera, el mensaje cristiano fue vaciado de gran parte de su contenido básico. La iglesia se identificó más y más con la clase privilegiada, y poco era lo que tenía que ofrecer a la gran masa de los pobres y desposeídos. Por lo general, las rúbricas litúrgicas del *Libro de Oración Común* seguían en uso en la conducción del culto por parte del clero, pero todo parecía más bien un ejercicio carente de vida.

Estas condiciones de injusticia y explotación económica, discriminación social, pomposidad religiosa, erosión de la doctrina y frío formalismo fueron las que provocaron la reacción de Juan Wesley, su hermano Carlos y otras personas de iguales inquietudes. En más de un aspecto, la situación se asemejaba a la que imperaba en el luteranismo alemán de aquella época, donde la así llamada 'ortodoxia' gastaba gran parte de sus energías en insistir en correctas formulaciones teológicas, y en dirigir interminables ataques contra quienes se desviaban de la 'senda recta', con lo que la iglesia luterana oficial perdió más y más el interés, y con ello también la adhesión de las masas. Éstas sintieron una creciente repulsión hacia lo que parecía una retórica seca que amenazaba con asfixiar a la religión, y como reacción se volcaron hacia un movimiento dentro de la iglesia llamado 'pietismo'.

Similares circunstancias produjeron una reacción similar en Inglaterra: la experiencia renovadora de la iglesia del siglo XVIII. Los hermanos Wesley eran ministros ordenados de la Iglesia de Inglaterra, y no tenían deseo alguno de separarse de la misma. A diferencia de los presbiterianos, que creían que había que cambiar el sistema episcopal del régimen eclesiástico, y a diferencia también de los congregacionalistas y bautistas, que no hallaron otro remedio que la separación, Wesley y sus seguidores no objctaron para nada la estructura gubernamental de la iglesia. Lo único que deseaban era revitalizar la religión del pueblo, lograr que la fe fuese realmente una fe genuina, de corazón, e inducir a la gente a llevar una vida de santificación.

Estas ideas les vinieron a los Wesley ya a una edad muy temprana. Se criaron en una numerosa familia pastoral, donde la diaria necesidad obligó a la madre, mujer prudente y práctica, a imponer reglas precisas para mantener el orden doméstico. En la universidad de Oxford, los Wesley veían con estupor y repugnancia la mundanalidad de los estudiantes y decidieron contrarrestarla mediante métodos estrictos de estudio bíblico, oración y amonestación. En son de burla, sus compañeros de estudio dieron a este grupo el nombre de "club santo" o "metodistas". Los elementos básicos del sistema wesleyano eran la obtención de santidad, o perfección, o entera santificación, mediante la observancia metódica de reglas y disposiciones bajo la supervisión de otros cristianos. El *Methodist Book of Discipline* (Libro Metodista de Disciplina), párr. 92, describe a la organización como

> una agrupación de personas que aspiran a llevar una vida según el modelo y el poder de la piedad, unidas para orar en conjunto, para recibir la palabra de exhortación fraternal, y para velar los unos por los otros a fin de apoyarse mutuamente en ir perfeccionando su salvación.

Para Wesley, el tema principal era la vida, antes que la doctrina, razón por la cual el movimiento se destacó siempre por su intensa actividad social. Wesley mismo describe al metodista como

> una persona que vive conforme al método expuesto en la Biblia: que ama al Señor de todo corazón y ora sin cesar; que tiene un corazón lleno de amor hacia todos sus semejantes, limpio de envidia, malicia, ira y todo afecto innoble; que guarda todos los mandamientos de Dios, desde el más pequeño hasta el más grande; que no vive ya según los criterios del tiempo presente; que es incapaz de hablar mal de su prójimo, y mucho menos aún de mentir; que hace bien a todos... Esto es lo que caracteriza a un metodista. Y sólo en esto, los metodistas desean ser diferenciados de los demás hombres (cit. en *Christian Advocate*, 19 de mayo de 1938).

La siguiente apreciación de la Iglesia Metodista permite entrever su compromiso con los arriba esbozados principios arminianos:

> En más de un sentido, la Iglesia Metodista es la de perfil más característico entre nuestras iglesias: Escasa en teología, abundante en buenas obras, ejemplar en cuanto a su organización, en su mayoría de clase media, a menudo mojigata, de un optimismo incurable, de extraordinario celo misional, y de una confianza conmovedora en la bondad esencial del vecino de al lado (Editorial en *Life*, 19 de noviembre de 1947).

En los Estados Unidos hay más de 14 millones de metodistas, repartidos sobre por lo menos 20 grupos individuales. Sin embargo, la gran mayoría son miembros de la Iglesia Metodista Unida, formada en 1968 como resultado de varias fusiones.

B. Los Cuerpos de Santidad

El movimiento wesleyano surgió en el seno de la Iglesia de Inglaterra como protesta contra el frío formalismo de la iglesia y el relajamiento moral del pueblo, pero sin intención de constituirse en un grupo separado. Sólo al ver que la iglesia oficial no toleraría sus actividades, los seguidores de Wesley crearon la Iglesia Metodista como denominación autónoma.

Poco a poco, el metodismo llegó a ser una iglesia grande, fuerte y "respetable", aceptada plenamente por la comunidad protestante oficial. Ya no era un militante movimiento de protesta, y el original celo de "cruzados" se fue extinguiendo más y más. Esta situación hizo que muchos miembros dentro de la denominación reaccionaran protestando contra el enfriamiento del celo metodista por la santificación. De ahí nació el Movimiento de Santidad, que planteó como punto doctrinal básico la demanda por una vida en santidad completa e incondicional. Cuando la iglesia (metodista) organizada se negó a admitir lo que consideraba señales de excesos en el movimiento metodista, los que habían levantado la voz de protesta se retiraron y formaron sus propias organizaciones. Típica para su posición es la declaración doctrinal de la Iglesia de los Nazarenos, el cuerpo organizado más numeroso entre los grupos de Santidad, o Perfeccionistas:

Juzgamos suficiente creer en lo que sigue: (1) en un solo Dios, el Padre, Hijo, y Espíritu Santo; (2) en la inspiración plenaria del Antiguo Testamento y del Nuevo; (3) que el hombre nace con una naturaleza viciada por la Caída, y que por lo tanto, está inclinado hacia el mal en forma permanente; (4) que los que se muestran impenitentes hasta el final, están perdidos sin esperanza alguna y por siempre jamás; (5) que la reconciliación lograda por medio de Jesús está destinada a la humanidad entera, y que todo aquel que se arrepiente y cree en el Señor Jesucristo, es justificado y regenerado, y salvado del dominio del pecado; (6) que una vez regenerados, los creyentes habrán de ser *santificados enteramente* (el énfasis es nuestro, aquí y más adelante) mediante la fe en el Señor Jesús; (7) que el *Espíritu Santo da testimonio del nuevo nacimiento y asimismo de la completa santificación de los creyentes*; (8) en el retorno de nuestro Señor, en la resurrección de la muerte, y en el juicio final (Manual de la historia, doctrina, gobierno y ritual de la Iglesia de los Nazarenos, cit. en Mayer, págs. 309 y sigte.).

De acuerdo con lo que dicen las Escrituras, el Espíritu Santo es quien crea la fe y da origen a la vida en santidad. Por esto, el Espíritu Santo ocupa un lugar prominente en la enseñanza del movimiento de Santidad. El "bautismo con el Espíritu Santo" produce cristianos "nacidos de nuevo", que al instante son transformados a un estado en el cual ya no cometen pecados deliberados, estando, por lo tanto, enteramente santificados. Las imperfecciones aún existentes, se dice, no obedecen a móviles interiores del corazón, sino a estímulos procedentes del exterior. Se dice, además, que la justificación provee perdón para los pecados de comisión, mientras que la santificación -así se sostiene- remueve el pecado original, o "innato", una condición que no implica culpabilidad. Si se tiene en mente el énfasis arminiano en el libre albedrío y la depravación sólo parcial del hombre después de la caída, no resulta más que lógico para la gente de la Santidad creer que, dado que Dios demanda santidad, el hombre debe tener la capacidad de satisfacer esta demanda aún en esta vida presente.

A los cuerpos de Santidad pertenecen también grupos como la Iglesia de Dios, la Alianza Cristiana y Misionera, y varias organizaciones menores.

C. LOS PENTECOSTALES

Otro grupo de iglesias dentro de la familia metodista, parientes cercanos de las iglesias de Santidad, son los pentecostales. Como lo revela su nombre, el derramamiento del Espíritu Santo en el primer Pentecostés ocupa el centro de su enseñanza. Pero mientras que los grupos de Santidad asignan la mayor importancia a la actividad del Espíritu Santo relacionada con la santificación completa, los pentecostales recalcan lo milagroso, los dones carismáticos que el Espíritu Santo confiere. La Constitución de la Comunidad Pentecostal de los Estados Unidos afirma, en añadidura a las creencias cristianas básicas resumidas en los credos de la iglesia primitiva:

(5) que el evangelio pleno incluye la santidad del corazón y de la vida, *sanidad para el cuerpo y el bautismo con el Espíritu Santo, con la evidencia inicial de hablar en otras lenguas, según el Espíritu Santo du la capacidad para ello* (énfasis nuestro; cit. en Mayer, pág. 310).

A juicio de los pentecostales, el "bautismo con el Espíritu Santo" es mucho más importante y efectivo que el bautismo con agua instituido por Cristo. Sostienen que los cristianos favorecidos con el privilegio de ser bautizados con el Espíritu, reciben como "extras" ciertas facultades que los cristianos "ordinarios" o comunes no poseen. Hay pentecostales que creen que el "evangelio pleno" incluye cuatro aspectos, de ahí "evangelio cuadrilátero": Cristo el Salvador, el Santificador, el Sanador, y el Rey que vendrá. Este último aspecto se refiere a la fe en el retorno de Cristo a esta tierra para inaugurar el milenio.

Son varias las iglesias pentecostales. Algunas incluyen en su nombre la palabra "Pentecostal", otras se auto-denominan

Asambleas de Dios, o Iglesias de Dios. Tiempos atrás los pentecostales o "carismáticos" no eran muy bien vistos en las iglesias de la línea tradicional, razón por la cual se constituyeron en grupos separados. Sin embargo, hoy en día se los encuentra integrando las más de las iglesias, la católico-romana tanto como la anglicana, la luterana, etc., como fuerzas con que hay que contar, y que a veces incluso son bienvenidas como elementos revitalizadores para una cristiandad que parece haberse desinflado. Este desarrollo es lo que ocasionalmente se ha designado como 'Neo-Pentecostalismo'.

D. CUERPOS AFINES

La gran familia metodista incluye también a la Iglesia Evangélica Unida de los Hermanos, una fusión de lo que habían sido dos grupos metodistas alemanes, hoy parte integrante de la Iglesia Metodista Unida, y el Ejército de Salvación. Este último, organizado por William Booth en Inglaterra en el año 1878, comúnmente es visto como agencia de servicio social más bien que como iglesia, pese a que sus principios religiosos se asemejan en mucho a los de Wesley y a los de los grupos de Santidad. El tema central del Ejército de Salvación es la santidad de vida. Esto se expresa del modo más patente en sus esfuerzos por rehabilitar a las existencias marginadas y abrirles un nuevo horizonte. Las actividades humanitarias y filantrópicas de los salvacionistas gozan del reconocimiento y la estima generales.

VI
INTENTOS DE SUPERAR EL DENOMINACIONALISMO

Desde los días de los apóstoles hubo diferencias entre los cristianos respecto del entendimiento y la enseñanza de la doctrina bíblica, y sus implicancias para la vida cristiana. Asimismo, desde que la iglesia existe, estas diferencias han sido motivo de seria preocupación, y se han hecho esfuerzos por removerlas, corregir enseñanzas erróneas, superar las separaciones resultantes de dichas diferencias, y de esta manera restaurar la unidad de los que llevan el nombre de cristianos. El apóstol S. Pablo escribe al pastor Tito que el guía espiritual debe ser un hombre de convicciones firmes, "para que también pueda exhortar con sana enseñanza y convencer a los que contradicen" (Tit. 1:9). En su carta al joven pastor Timoteo, el mismo apóstol habla de "cuestiones necias e insensatas" que "engendran contiendas" (2 Ti. 2:23). Y continúa diciendo: "El siervo del Señor no debe ser amigo de contiendas", sino una persona "que corrige con mansedumbre a los que se oponen" (v. 24,25). Y ya casi al término de su carrera, el apóstol suplica encarecidamente a su joven colaborador: "Predica la palabra, redarguye, reprende, exhorta, ...pues vendrá tiempo cuando no soportarán la sana doctrina... y apartarán de la verdad el oído" (2 Ti. 4:1-4).

En los primeros siglos de la era post-apostólica, cuando las crecientes controversias y herejías en materia de fe o vida amenazaron con causar contiendas y desunión, se convocó a concilios a los guías de la iglesia y se les encomendó tomar medidas para zanjar las dificultades, afirmar la fe y rechazar las enseñanzas erróneas. Pero si bien hubo algún que otro éxito parcial en los intentos por tapar las fisuras en el edificio de la iglesia, la larga historia de la cristiandad es con harta frecuencia un informe acerca de refriegas y perversidades humanas y falencia en "mantener la unidad del Espíritu". Incluso durante la Edad Media, cuando la Iglesia Católica Romana parecía presentar un frente unido en toda la extensión de la Europa del Oeste y del Norte, siempre de nuevo estallaron conflictos y sobrevinieron desviaciones que cuestionaban la posición oficial de la iglesia en cuanto a la doctrina o la práctica. Y a partir de la Reforma con su énfasis en la libertad de conciencia y el derecho al discernimiento personal, las divisiones no cesaron sino que persisten hasta el día de hoy, y aún van en aumento.

Sin embargo, en los siglos XIX y XX hubo señales de que se estaba en vías de revertir esa tendencia a multiplicar las divisiones, y de reunir, al menos tentativamente, lo que por tanto tiempo había estado separado. En épocas tempranas de la historia eclesiástica, el medio de acabar con las diferencias consistía a menudo en la supresión violenta tanto del disenso como de los disidentes. En efecto, a este método se debe en gran parte el fenómeno de que centenares de miles de cristianos de diversos países emigraran a Estados Unidos, en busca de esa libertad religiosa que, según creían, allá se les brindaba. Pero aun en la temprana época colonial americana, los "nonconformistas" fueron no pocas veces víctima de penalidades civiles, arrestos, y en algunos casos hasta de expulsión del país.

Pero ahora se intentaba atacar el problema de la división de la cristiandad de otra manera, no ya con discriminación y persecución. Básicamente, los caminos que se ofrecían -y se ofrecen- para tratar la cuestión eran tres:

(1) Reconocer las diferencias que existen entre las iglesias, pero considerarlas como no-divisorias, y elaborar un denominador doctrinal común. Sobre esta base, un cierto número de iglesias de similar trasfondo étnico, cultural y religioso quizás puedan fusionarse en una sola, contribuyendo así a la superación del denominacionalismo.

(2) Desechar todos los aspectos del denominacionalismo, tales

como nombres y enseñanzas peculiares, tirar por la borda el lastre de lenguaje teológico, declaraciones de fe, liturgias, etc. que se acumuló con el correr del tiempo, desandar el camino de los siglos, y restaurar la imagen de la iglesia prístina tal como nos la presenta el Nuevo Testamento.

(3) Reconocer y deplorar todas las diferencias basadas en enseñanzas erróneas, y esforzarse por componerlas mediante un paciente diálogo doctrinal, teniendo mucho cuidado en observar la distinción entre factores teológicos y no teológicos, entre las cosas que son realmente divisorias y las que no lo son, o no tendrían por qué serlo.

De estas tres opciones, la primera fue elegida por la Iglesia Unida de Cristo; la segunda, por los Discípulos; y la tercera ha sido y sigue siendo empleada por varias iglesias, entre ellas la luterana.

A. LA IGLESIA UNIDA DE CRISTO

Si bien esta fusión se produjo en años recientes -1957- las iglesias que la integran ya llevan siglos de existencia. Verdad es que ya hubo fusiones anteriores, pero entonces se trataba de iglesias con el mismo trasfondo cultural y teológico y con la misma forma de régimen eclesial. La Iglesia Unida de Cristo en cambio reunió a iglesias de extracción inglesa y alemana, de raíces calvinistas y luteranas, y de diferentes tipos de organización. Los que se unieron entre sí fueron el Concilio General de Iglesias Congregacionales y Cristianas (a su vez una fusión) y la Iglesia Evangélica y Reformada (igualmente producto de una fusión). Douglas Horton, distinguido hombre de ciencia y miembro de esta unión, escribió acerca de ello lo que sigue:

Lo que nos separa es algo más que el fondo doctrinal. Por una parte, las denominaciones que contemplan entrar en unión tienen que llegar a conocer, a entender, y finalmente a apreciar la una a la otra en la categoría humana aparentemente no-teológica de las particularidades culturales. Cualquiera sea la unión de iglesias que se proponga: las constantes sociológicas que se introducen en la "mente grupal" saldrán a la luz. Así pasó con la unión de la Iglesia Congregacional Cristiana con la Evangélica y Reformada: el almuerzo caliente de Nueva Inglaterra tuvo que llegar a buen término con el chucrut de Pensilvania: las diferencias culinarias anduvieron mano a mano con las teológicas (Douglas Horton, *The United Church of Christ*, N. York: Thomas Nelson & Sons, 1962, págs. 20 y sigte.).

Los congregacionalistas eran calvinistas que en la Inglaterra del siglo XVII se declararon en disidencia con la política episcopal de la iglesia de su país y se opusieron violentamente a la misma. Como lo indica su nombre, su convicción era que cada comunidad local de cristianos debe tener vía libre en el manejo de sus propios asuntos. Al no querer doblegarse, se los trató con dureza, por lo que buscaron, y hallaron, refugio en Estados Unidos. Allí se desempeñaron como colonizadores, y no tardaron en escalar una posición dominante en la mayor parte de Nueva Inglaterra. Por lo general se los llamaba "puritanos". Debido a su énfasis unilateral en el papel soberano de cada congregación, se hizo imposible un control efectivo sobre la doctrina. Uno de los resultados fue que un número considerable de iglesias congregacionalistas se tornaron unitarias, particularmente en la zona este de Massachussetts.

Hubo algunos otros grupos con raíces en Nueva Inglaterra y de origen metodista, bautista y unitario que, como acto de protesta contra lo que consideraban una intromisión en la libertad individual de la iglesia, establecieron comunidades que se denominaron a sí mismas "cristianas". Prescindieron de formular bases teológicas para su fe y enseñanza, y su única credencial de membrecía era el "carácter cristiano". En 1931, estas iglesias se unieron con los congregacionalistas y juntos formaron el Concilio General de Iglesias Congregacionalistas y Cristianas.

El otro componente mayor de la Iglesia Unida de Cristo es la Iglesia Evangélica y Reformada, producto de la fusión entre el ex-Sínodo Evangélico y la ex-Iglesia Reformada. El Sínodo Evangélico a su vez es una aglomeración de elementos luteranos y reformados en Alemania, creada por un decreto del rey Federico Guillermo III de Prusia en 1817, fecha del 300º aniversario de la Reforma. Mediante dicho decreto se forzó, por decirlo de alguna manera, la unificación de iglesias luteranas y reformadas conocida como la "Unión Prusiana". La Iglesia Reformada en los Estados Unidos remonta su origen a la Iglesia Reformada de Alemania, que nació de la tentativa de combinar elementos luteranos y calvinistas, con el propósito expreso de obviar lo que se consideraba como "posiciones extremas" de cada integrante. Estos dos grupos de procedencia alemana se unieron en 1934 para formar la Iglesia Evangélica y Reformada. Y ésta, a su vez, entró en unión con las Iglesias Cristianas Congregacionalistas, lo que dio origen a la Iglesia Unida de Cristo.

Dado que esta unión es el producto de la confluencia de diversas corrientes doctrinales, resulta lógico que se diera poca importancia a formulaciones confesionales. En su primer sínodo general en 1959, la Iglesia Unida de Cristo adoptó la siguiente Declaración de Fe:

Creemos en Dios, el Espíritu Eterno, Padre de nuestro Señor Jesucristo y Padre nuestro; y acerca de sus actos atestiguamos lo siguiente:

Él llama a la vida al universo, crea al hombre a su propia imagen, y le señala los caminos de la vida y de la muerte.

Él, en santo amor, busca salvar a todos los hombres de su estado de desolación, su desorientación y su pecaminosidad.

Él juzga a los hombres y a las naciones conforme a su justa voluntad manifestada por boca de los profetas y apóstoles.

En la persona de Jesucristo, el hombre de Nazaret, nuestro Señor crucificado y resucitado, él ha venido hacia nosotros para compartir nuestra suerte común, lograr la victoria sobre el pecado y la muerte, y reconciliar consigo al mundo.

Él derrama sobre nosotros su Santo Espíritu, crea y renueva la iglesia de Jesucristo, y une en un pacto al pueblo creyente de todas las edades, lenguas y razas.

Él nos convoca como "su iglesia" para que aceptemos el costo y el gozo del discipulado, para ser siervos suyos en el servicio a los hombres, para proclamar el evangelio al mundo entero y resistir a las fuerzas del mal, para compartir el bautismo de Cristo y comer en su mesa, para ser partícipes suyos en su pasión y su victoria.

Él promete a todos cuantos en él confían, la remisión de los pecados y la plenitud de su gracia, valor en la lucha por la justicia y la paz, su presencia en días de aflicción y de alegría, y la vida perdurable en su reino que no tendrá fin.

A él sea la alabanza y el honor, la gloria y el poder. Amén (Horton, pág. 66).

Pero incluso esta declaración, "antes que un test de la fe, es un testimonio", y como tal no tiene fuerza vinculante para nadie.

B. Los Discípulos de Cristo

Mientras la Iglesia Unida de Cristo es un intento de superar el denominacionalismo por vía de una fusión, los Discípulos de Cristo optaron por el segundo de los caminos antes mencionados, a saber: el de desechar en forma global a todas las denominaciones históricas y retornar al Nuevo Testamento. Como dicho proceder aspira a "restaurar" a la iglesia a su estado original, se le ha dado a ese movimiento el apodo de "restauracionismo".

Si bien el movimiento de los Discípulos reconoce como

iniciadores y promotores a hombres procedentes del campo de los reformados, o sea, congregacionalistas, presbiterianos, bautistas y metodistas, y por ende milita en las filas de la tradición cristiana protestante, conviene señalar que en no escasa medida es un producto de las condiciones imperantes en Estados Unidos, con su embriagadora experiencia de una libertad religiosa total y un individualismo que floreció de una manera particularmente llamativa en las regiones fronterizas.

Allá por el año 1800, esas "regiones fronterizas" comprendían el oeste de Pensilvania, este de Ohio, Kentucky y Tennessee. Gente de muy diverso trasfondo cultural, educacional, político, económico y religioso poblaron la frontera y se dedicaron a la ardua tarea de arrancar a la tierra inculta un espacio vital, y de proteger a sus familias de los ataques del indio nativo y otros peligros. En un entorno tal, la preservación y promoción de grupos denominacionales separados le pareció a más de uno un lujo para el cual ya no había cabida. Ya que se había hecho causa común con los vecinos en todas las fases del trabajo y las penurias que conllevaba la vida en la frontera, ¿por qué no habría que hacer causa común también en la adoración al Señor?

El terreno estuvo preparado, pues, para el "Movimiento de Restauración" que había comenzado un par de años antes. Los conductores en el oeste de Pensilvania fueron Tomás Campbell y su hijo Alejandro, de extracción presbiteriana-escocesa. Fue ante todo Alejandro, hombre de mucho talento, quien cristalizó los principios de este movimiento y le dio su orientación definitiva. Esto hizo que en un comienzo, las iglesias nacidas como fruto de su obra fueran llamadas a menudo "Campbellitas", designación que estos grupos rechazaron como lesiva.

Los Campbell y otros fueron enemigos declarados de todo nombre y enseñanza denominacionales. En el sentir de ellos, cualquier credo denominacional constituía una barrera para la unidad de los cristianos. Todas las designaciones, todos los términos teológicos no registrados en el Nuevo Testamento debían ser descartados. Como el Nuevo Testamento nada sabe de iglesia católica, o luterana, o presbiteriana, u otra alguna, los miembros de la iglesia deberían limitarse al uso de títulos bíblicos, "discípulos" ante todo, o también "cristianos". Asimismo, los Discípulos se mostraron contrarios a toda "formulación", sea de credos, estatutos o doctrina. Sostenían "tener como único credo a Cristo", "estar centrados en Dios, en Cristo y en la Biblia", y reconocer como única confesión de fe las palabras con que el apóstol Pedro respondió a una pregunta hecha por el propio Jesús: "Tú eres el Cristo, el Hijo del Dios viviente" (James E. Craig: "¿Quiénes son los Discípulos de Cristo?" en Rosten, pág. 58).

El increíblemente rico valor que posee la simplicidad de nuestra confesión de fe se hace evidente cuando observamos los innúmeros credos de la cristiandad. Cada uno de ellos contiene una apreciable cantidad de verdades cristianas y encierra profundas y vitales convicciones de hombres piadosos. Pero así y todo, los credos se meten entre nosotros y Cristo. Al aceptar un credo, aceptamos la interpretación que otra persona hizo con respecto a Cristo. Esas interpretaciones podrán ser interesantes, correctas o falsas, pero al fin de cuentas, no somos salvos por interpretaciones. Somos salvos por Cristo, y solamente por él.

Además, si los credos se meten entre nosotros y Cristo, *también se meten entre nosotros y otros cristianos*. Si nuestra confesión de fe fuese un credo con sus muchas verdades y omisiones, quedaríamos distanciados de otros cristianos que profesan credos diferentes. En cambio, si tenemos "como único credo a Cristo", no tropezamos con esa clase de barreras (H.B. McCormick: *Nuestra Confesión de Fe*, prep. por el Concilio para la Planificación de la Misión en el Hogar y en el Estado, Discípulos de Cristo. Publ. por la Sociedad Misional Cristiana Unida, Indianápolis, Indiana, págs. 5 y sigte.; el énfasis es nuestro).

A la pregunta: ¿Cómo se diferencian los Discípulos de los demás protestantes?, un discípulo destacado, James E. Craig, menciona entre otras cosas lo siguiente:

Para ellos, la conversión es un acto volitivo de la razón para el cual no hace falta una revelación personal especial. Al recibir a un miembro nuevo... no emplean ninguna fórmula de interrogatorio...

A la Santa Cena admiten a cualquier persona bautizada, sin preguntarle a qué iglesia o secta pertenece.

Quizás la diferencia más marcada entre los Discípulos y otros grupos protestantes es su énfasis en la libertad de opinión de cada persona, y en el derecho de cada cual a interpretar las Escrituras a su manera.

....

Los Discípulos sostienen que en tanto que un miembro acepte esa simple fe y la idea del gobierno democrático de la iglesia, puede pensar lo que su corazón le dicte con respecto a muchos de los dogmas de otros cuerpos cristianos.

Los Discípulos observan con gran satisfacción que actualmente se está dando cada vez menos importancia a las diferencias que existen entre los protestantes, y al mismo tiempo se subraya más y más lo mucho que tienen en común. Para los Discípulos, la creciente tendencia en pro de la búsqueda de una plataforma común de la fe es señal de un constante avance hacia la unificación definitiva de la iglesia que algún día habrá de hacerse realidad. Y en este área, la influencia ejercida por los Discípulos es notoria e inconfundible. En todo movimiento corporativo y ecuménico de importancia propugnado por los protestantes, los Discípulos han actuado en la primera línea de batalla (Rosten, pág. 65).

Los grupos locales suelen llamarse "Iglesia Cristiana" o "Iglesia de Cristo", mientras que el nombre oficial del cuerpo es "Convención Internacional de Iglesias Cristianas (Discípulos de Cristo)". El número de miembros sobrepasa con creces el millón y medio.

C. Los Hermanos Moravos

La Iglesia Morava es la de mayor antigüedad entre las que se formaron por unificación. Como lo indica su nombre, se originó en Moravia, región de la Checoeslovaquia actual, en las primeras décadas del siglo XV, ante todo por obra de la prédica y enseñanza de Juan Hus y Jerónimo de Praga. El factor desencadenante del movimiento fue la protesta contra el formalismo que reinaba en la iglesia y que se manifestaba más que nada en lo relativo a las creencias y la forma de adoración. La mayor preocupación de Hus y sus seguidores apuntaba no tanto a la doctrina sino a la renovación de la vida. Al sobrevenir la Reforma del siglo XVI, los moravos se pasaron mayoritariamente al campo de los reformados; sólo una minoría prefirió el luteranismo. *Unitas Fratrum* (Unión de los Hermanos) fue el nombre que dieron a su comunidad. Aniquilada casi por completo durante la contra-reforma católico-romana, la fraternidad morava recibió nuevos impulsos gracias al conde Zinzendorf, quien les dio asilo en sus extensas posesiones en Sajonia (Alemania). Desde allí desplegaron una intensa actividad misional que se extendió hasta Estados Unidos y otros países. Y este celo por la divulgación de la palabra de Dios sigue siendo una de sus características hasta el día de hoy, a pesar de que son un grupo relativamente pequeño (no mucho más de 60.000 miembros). Su interés está centrado sobre todo en lo que los cristianos tienen en común, y en la piedad personal. Su lema es: "Unidad en lo que es esencial, libertad en lo que no es esencial, caridad en todas las cosas".

D. La Iglesia Unida de Canadá

En 1925, la mayoría de las iglesias metodistas y congregacionalistas de Canadá, más cierto número de presbiterianos, unieron sus fuerzas para formar la Iglesia Unida de Canadá. Los anglicanos de este país se abstuvieron de participar en esta fusión a causa de su propia postura en cuanto al gobierno eclesiástico y el oficio del ministerio. Los bautistas por su parte también se mantuvieron al margen; su motivo: oposición a cualquier tipo de organización más allá del nivel local. A los efectos de lograr una unión aceptable tanto para iglesias de tradición calvinista como para arminianos, la Iglesia Unida soslayó puntos doctrinales en controversia, o recurrió a formulaciones que podían interpretarse en un sentido u otro.

VII
LA LUZ INTERIOR

En la larga historia de la iglesia cristiana siempre hubo individuos y movimientos que estaban a la expectativa de -o sostenían haber experimentado- contactos directos con Dios y comunicaciones desde lo alto. Algunos creían que a fuerza de cierto tipo de meditación y ejercicio espiritual podrían elevar su alma y llevarla a la unión con el Altísimo. Por lo general, a esta doctrina religiosa se la llama "misticismo" y se la suele asociar con corrientes filosófico-religiosas del Lejano Oriente, si bien presenta un aspecto algo modificado por hallarse dentro del marco de la cristiandad. Otros afirmaron que Dios, y en especial el Espíritu Santo, de alguna manera vino directamente a su alma y los dotó de la voluntad y la energía para llevar una vida cristiana. Según ellos, el soberano Espíritu Santo tiene el poder de efectuar su obra en el corazón humano sin necesidad de recurrir a medios externos o "vehículos" tales como la palabra de Dios y los sacramentos. Esta idea en cuanto a la actividad del Espíritu Santo suele llamarse "entusiasmo" (otros nombres: iluminismo, fanatismo, en alem. "Schwärmerei" – nota del trad.). Muchos teólogos cristianos simpatizaron en cierta medida con esta idea, pero se mostraron poco consecuentes y siguieron haciendo uso de los medios externos, predicando y ofreciendo los sacramentos para fortalecer la fe y la vida de sus feligreses. Otros, en cambio, partiendo de la premisa de que Dios actúa en forma espiritual directa, pasaron a la conclusión lógica de no usar medio alguno, o de usarlos al solo efecto de verificar que lo que ellos creían, Dios se lo estaba diciendo por vía directa.

Esta modalidad más extrema del entusiasmo se conoce por

varios nombres: Luz interior, Voz interior, Iluminación espiritual, o Inmanencia divina, o sea, presencia de Dios en el corazón humano. Durante la Reforma del siglo XVI, estas ideas fueron defendidas principalmente por los así llamados anabaptistas, que rechazaban el bautismo de los infantes e insistían en la necesidad de rebautizar a quienes habían sido bautizados de infantes (de ahí: ana-baptistas, re-bautizadores). El acento principal lo ponían en vivir una religiosidad interiorizada, y sin mezclarse en los asuntos de este mundo.

A. Los Menonitas

A los anabaptistas se los persiguió duramente y se los dispersó a los cuatro vientos. El resto fue recogido y organizado por un tal Menno Simons, un ex-sacerdote católico-romano. Se hizo rebautizar, y pronto llegó a ser el jefe del movimiento, con el resultado de que a sus seguidores se los llamó "menonitas". Dejando atrás a su patria, Suiza y Holanda, muchos de ellos se asentaron en el sur de Rusia y en Alemania, desde donde más tarde se dirigieron a Estados Unidos y establecieron sus colonias en Pensilvania, Ohio, Indiana, Dakota del Sur y otros estados.
Los menonitas creen que

Hay que conocer a Cristo y creer en él conforme al espíritu en su estado de exaltación... de modo que *la forma y la imagen de Cristo es plasmada en nosotros*; y que él se manifiesta en nosotros, habita en nosotros, nos instruye, realiza los milagros en nosotros de acuerdo con el espíritu con que él actuó estando aún en la carne... nos cura de nuestra enfermedad espiritual, de nuestra ceguera e impureza, nuestro pecado y muerte, nos nutre con alimento celestial, y *nos hace partícipes de su naturaleza divina*, de manera que mediante su poder, nuestro viejo hombre es crucificado, y nosotros resucitamos a una vida nueva en que experimentamos el poder de su resurrección (De la *Confessio Brevis* de 1580, cit. en Mayer, pág. 4;1; - todos los énfasis son nuestros).

Gracias a esta mística experiencia de Cristo, se afirma, el cristiano es capaz de entender la Biblia, que de otra manera sería para él un libro oscuro. Los menonitas son muy estrictos en exigir de sus feligreses un comportamiento intachable, distanciamiento del mundo en cuanto "mundanal", y una vida que lleva el sello de la sencillez y abnegación. Al logro de esta meta contribuye su muy elaborado sistema de disciplina, y un conjunto de leyes tendientes a salvaguardar la pureza de la comunidad y a excluir a los que causan ofensa. El evangelio es, según ellos, "la ley de Cristo que encierra todo el consejo de Dios y su voluntad". Esencialmente, el camino de salvación de los menonitas está vinculado con la piedad personal del miembro mediante su unión mística con Cristo. Por lo tanto, lo que hace que una persona reciba la salvación no es tanto la fe en lo que Cristo hizo *por* nosotros sino más bien el experimentar al Cristo *en* nosotros.

Por su creencia de que Cristo viene a habitar en sus corazones de una manera directa, los menonitas no consideran al evangelio y a los sacramentos como medios de gracia, vale decir, los instrumentos que usa el Espíritu Santo para crear y sustentar la vida espiritual; para ellos, los sacramentos no son más que símbolos. El bautismo es la mera señal exterior de que una persona ya vive en unión con Cristo, y por ende se lo puede administrar sólo a un adulto. La Cena del Señor a su vez no es sino un acto recordatorio de la muerte de Cristo, y una exhortación al amor mutuo. Muchos menonitas practican el ritual del lavamiento de pies como símbolo de humildad y purificación espiritual.

No todos los menonitas tienen el mismo concepto acerca de lo que constituye la piedad y el mantenerse alejado del mundo. A muchos se los cargó de reproches a causa de su presunta vida relajada. La cabeza de esa acción de protesta fue un laico suizo de nombre Jacobo Amman, o Amen, y a sus seguidores se los llamó "Amish". A lo largo de su historia, los menonitas acentuaron más la pureza de la vida que la pureza de la doctrina. Abogan por la no-resistencia, rehúsan el juramento ante los magistrados, y se oponen a todo lo que sea pleito y empleo de la fuerza. También prohíben o desaconsejan el uso de cualquier forma de lujo e implementos que podrían considerarse "mundanos". Los amish conservadores aún rechazan el uso de electricidad y de automóviles, y en cambio transitan por las rutas con carros tirados por caballos, y para la iluminación se valen de velas y faroles a querosene. En general, los varios tipos de menonitas, que en 39 países y seis continentes suman un total de unos 626.000 miembros bautizados (datos de 1977), son conocidos como ciudadanos honestos, laboriosos y respetuosos de la ley.

B. LOS CUÁQUEROS

Otro cuerpo que profesa una religiosidad interiorizada, y en forma aún más radical que los menonitas, es la Sociedad Religiosa de los Amigos, conocida comúnmente como Cuáqueros. Bien se los podría llamar "el movimiento más protestante dentro del protestantismo", puesto que son más consistentes que ninguno en defender el principio de la comunicación directa de Dios con el hombre.

El que inició este movimiento fue Jorge Fox en la Inglaterra del siglo XVII. Se sintió perturbado en lo más íntimo por la alarmante decadencia de la vida religiosa, la relajación moral de muchos clérigos, la brutalidad de la guerra civil entre las fuerzas del rey Carlos I y las de Cromwell, y en general, la forma inhumana en el trato de hombre a hombre. Sostuvo que una voz en su interior le había dicho: "Hay uno, precisamente Jesucristo, que puede darte una respuesta a tu inquietud."

Esta es la Voz interior, o Luz interior, que según Fox es la manera en que Dios habla directamente a todos los seres humanos, más aún, la manera en que Dios habita en toda persona, con total prescindencia de cualquier palabra externa de Dios. Los cuáqueros creen que esta es la situación que se contempla en el texto de Jn. 1:9: "La luz verdadera que alumbra a todo hombre venía a este mundo." Y con Fox sostienen que esa "luz verdadera" es la "luz de Dios" que está en el interior de todo hombre. Para esto cabe el término definitorio de "inmanencia divina", la presencia de Dios aquí y ahora en cada persona, lo diametralmente opuesto a "trascendencia divina", la idea de que Dios está tan alejado de sus criaturas que no existe posibilidad alguna de contacto ni de comunicación.

Si se pregunta cómo los cuáqueros se ven a sí mismos en relación con otros cristianos, la respuesta es:

> Los cuáqueros se consideran a sí mismos como una "tercera posición" en lo que a la determinación de lo que es fundamental en el cristianismo se refiere, posición que difiere de la del catolicismo romano y también de la del protestantismo. Los católico-romanos enfatizan la autoridad de la iglesia, la jerarquía, y un credo absoluto. En opinión de las denominaciones protestantes, la mayor importancia reside en una u otra interpretación de la religión, tal como unos u otros creen hallarla en la Santa Biblia. No así la Sociedad de Amigos: para ellos, "religión" es, en su esencia, seguir al Espíritu, un movimiento que puede crecer, y en efecto crece, se desarrolla y cambia porque alberga en sí el poder interior de expansión. Según el concepto de los Amigos, todos cuantos hacen la voluntad del Padre son hermanos de Jesús en el Espíritu (Richmond P. Miller: "*¿Qué es un cuáquero?*" en Rosten, pág. 165).

Lo que se expone a continuación puede considerarse como las enseñanzas básicas de los cuáqueros:

> La fe de un Amigo es simple, fundada en una sinceridad absoluta. Los cuáqueros creen que la persona puede acercarse a Dios y experimentar su presencia en forma directa, sin necesidad de sacerdote o predicador alguno que haga de intermediario. Ese "experimentar la presencia de Dios" se logra mediante la "Luz interior", que es el espíritu del "Cristo dentro de uno". Este contacto confiere al hombre la capacidad de discernir la voluntad

de Dios, le da directivas para todo lo tocante a la existencia humana, y le imparte las fuerzas para vivir la vida abundante (ibíd.).

La "Luz interior" no es idéntica con la conciencia. Es lo que los cuáqueros llaman "esa luz de Dios" que habita en todo hombre. Esta luz instruye a la conciencia y la transforma, cual guía fiel en el camino de la vida. Mayormente se la llama "Luz interior" o "Luz que tenemos adentro". Existe en todos los hombres y en todas las mujeres. Para los Amigos, es la fuente de todas las realidades que hay en la religión, que nos lleva de manera inmediata, directa, a la experiencia de Dios (ibíd., págs. 165 y sigte.).

Esa premisa de que en todo ser humano está presente lo divino, lógicamente halla su expresión en varios aspectos de la enseñanza y práctica de los cuáqueros:

1. Dado que ya lo tenemos a Dios "adentro", no se requieren medios para traérnoslo desde afuera. Por esto no hay necesidad de un ministerio, ni de predicación, ni de sacramentos, ni tampoco de templos (llamados "casas con campanario"). Los cuáqueros celebran un "encuentro para la adoración"; pero dicho encuentro es una reunión "en un marco de silencio general". Cualquiera de los presentes puede sentirse impulsado a romper ese silencio con una oración, la lectura de un pasaje bíblico, o algún mensaje espiritual. No hay un orden litúrgico preparado con anterioridad. Tampoco se practica el bautismo con agua, ni se celebra la santa comunión.

2. Ya que toda persona tiene dentro de sí "esa luz de Dios", todos están investidos de una alta dignidad, y nada debe hacerse con o a otro ser humano para degradarle o humillarlo. De ahí proviene el mundialmente conocido y reconocido humanitarismo de los cuáqueros. Diferencias de rango, esclavitud, guerras, discriminación, pena capital, trato inhumano a enfermos mentales, juramentos, todo esto son cosas que quedan descartadas. Los cuáqueros siempre han figurado entre los principales promotores de emprendimientos en pro del mejoramiento social.

3. Siendo que Dios habita en todo ser humano, los cuáqueros tienen un concepto muy elevado de la bondad innata del hombre, lo que los lleva a minimizar la seriedad del pecado.

Los cuáqueros sostienen que indiscutiblemente, el pecado es uno de los factores de la vida humana, y que por lo tanto, la manera más acertada de describirlo es ésta: el pecado existe en un universo que se asemeja a un tablero de ajedrez con casillas negras (pecado) y blancas (piedad). Pero las casillas negras están puestas sobre el fondo formado por las casillas blancas, y no a la inversa. Decía Fox que "hay un océano de luz que sobresale por encima de un océano de tinieblas". Y al entender de los cuáqueros, el término "pecado original" implica una sobreacentuación del poder del mal. El hombre, aunque habiendo dado pasos en falso, sigue en poder de Dios, quien continúa apelando al "lado bueno" que hay en él (Rosten, pág. 171).

La Sociedad de Amigos cuenta con unos 170.000 miembros en los Estados Unidos, Inglaterra y otros países. La concentración mayor se registra en el Estado de Pensilvania, nombre que recuerda a William Penn, un cuáquero acaudalado, hijo de un almirante inglés, que adquirió grandes extensiones de tierra en la colonia Nueva Jersey, USA, y en la cuenca del río Delaware (fundación, en 1683, de la ciudad de Filadelfia), donde dio asilo a muchos de sus correligionarios.

VIII
EL MILENIO

Desde que Adán y Eva cayeron en pecado y fueron expulsados del Edén, y también a causa de los innumerables males y padecimientos que pesan sobre este mundo como resultado del pecado, la humanidad viene suspirando por el paraíso perdido. En medio de todas las crueldades e injusticias, calamidades y dolores de esta vida, tanto personales como nacionales, los hombres soñaron y siguen soñando con un tiempo en que todos los males quedarán vencidos y todos los malhechores aniquilados, con lo que vendrán días de paz y perfecta bienandanza. Y a la verdad, Dios ha provisto todo cuanto hace falta para la redención, reconciliación y restauración de este pobre mundo, impulsado por su amor y misericordia, y lo ha hecho realidad mediante la vida, muerte y resurrección de su Hijo Jesucristo. Remisión de los pecados, vida y salvación: éstos son los dones que Dios en su gracia ofrece a sus rebeldes criaturas. Con profecías y promesas, Dios nutre la fe y la esperanza de su pueblo de generación en generación. El reinado benigno de Dios en los corazones y la vida de la gente en un tiempo venidero ha sido descrito con colores radiantes e imágenes majestuosas en un lenguaje altamente poético. Por supuesto, la interpretación correcta de estos cuadros es un asunto de suma importancia.

Por desgracia, la interpretación hecha tanto por cristianos como por judíos a menudo fue malentendida y condujo a especulaciones fantásticas respecto de una edad de oro, una Utopía (del griego *ou* = no, *topos* = lugar: tierra que no existe en ningún lugar), un mañana luminoso, una era de dicha sin igual que duraría mil años (milenio), y un nuevo cielo sobre esta tierra. Las ideas que los judíos se hacían en cuanto a la edad de oro estaban influidas

fuertemente por las enseñanzas del persa Zoroastro o Zaratustra
que los judíos habían llegado a conocer durante su cautiverio en
Babilonia. Habiendo perdido su independencia, y sometidos a
sucesivas opresiones por parte de los babilonios, persas, egipcios,
griegos, y finalmente de los romanos, los judíos añoraban la
liberación del yugo extranjero y la restauración del reino glorioso
de David. Las coloridas profecías en cuanto a la nueva era y el
Mesías las interpretaron en un sentido que estuviera a tono con las
esperanzas que abrigaban. Los propios discípulos y seguidores de
Jesús recogieron algunas de estas ideas, y una y otra vez
preguntaron al Maestro cuándo inauguraría su reino terrenal de
gloria. La madre de Santiago y Juan pidió a Jesús que sus dos
hijos "se sienten el uno a tu derecha y el otro a tu izquierda en tu
Reino" (Mt. 20:21). Y aún después de la resurrección del Señor,
los discípulos siguieron con su pregunta: "Señor, ¿restaurarás el
reino de Israel en este tiempo?" (Hch. 1:6). Los primeros
cristianos a su vez hicieron suyos ciertos elementos de la
esperanza judía de un milenio e intentaron darles cabida dentro
del marco del mensaje evangélico.

En sus discursos y conversaciones con sus discípulos, Jesús se
refirió más de una vez al fin de este mundo presente, y a su
propio retorno en gloria en aquel día para juzgar con justicia a
buenos y malos. Cuando el Cristo resucitado subió a los cielos,
los enviados desde lo alto dijeron a los que estaban ahí, mirando:
"Este mismo Jesús, que ha sido tomado de vosotros al cielo, así
vendrá como lo habéis visto ir al cielo" (Hch. 1:11). Este retorno
de Cristo en el día postrero, llamado comúnmente su "Segunda
Venida", constituye el acto final de la historia de salvación,
mencionado con pocas palabras en todos los credos antiguos:
"Desde allí ha de venir a juzgar a los vivos y a los muertos." El
tecnicismo teológico con que se resumen las enseñanzas
concernientes a las "últimas cosas" es 'escatología' (del griego
eschaton, lo último, postrero). No es más que natural, pues, que
en sus mensajes y sus cartas a las iglesias, los apóstoles hicieran
recordar una y otra vez a los cristianos su esperanza escatológica

y su destino postrero a la luz de la segunda venida de Cristo. Asimismo cabía esperar que desde un principio, los cristianos robustecieran su fe y se llenaran de valor al pensar en las promesas acerca del futuro, ante todo en tiempos de grande tribulación cuando por todas partes se los oprimía y perseguía.

La forma cómo los cristianos interpretaban y aplicaban los pasajes bíblicos relativos a los tiempos finales, y en particular, el grado en que tales interpretaciones y aplicaciones acentuaban el más acá o el más allá, el aspecto físico o el aspecto espiritual, sirvió de vara para medir si su escatología era ortodoxa o herética. En los primeros siglos hubo no pocos teólogos que defendían de manera explícita la idea de un "quiliasmo" (del griego *chilias*, mil, comp. Ap. 20:1-7; quiliasmo significa exactamente lo mismo que milenarismo, término derivado del latín *mille* = 1.000, y *annus* = año). Sin embargo, hacia fines del siglo IV, la iglesia ya había condenado como heréticas casi todas las modalidades de quiliasmo. Cuando había pasado una generación tras otra sin que se produjera el retorno de Cristo, y cuando el cristianismo había llegado a ser religión reconocida, la añoranza por esa futura edad de oro parecía esfumarse, al menos en el ánimo de mucha gente, mientras que otros opinaban que ya se estaba viviendo en pleno proceso de su cumplimiento.

En los últimos 150 años, las esperanzas y las enseñanzas quiliásticas se reavivaron en forma notable. Varios fueron los factores que contribuyeron a este fenómeno. Al darse nuevos impulsos al estudio y la interpretación privados de las Sagradas Escrituras, muchos cristianos laicos descubrieron la riqueza imaginativa en las secciones poéticas de los escritos de algunos profetas veterotestamentarios, tales como Isaías, Ezequiel, Daniel y otros, y en el libro neotestamentario del Apocalipsis, y tomaron todo esto muy al pie de la letra. Además, en épocas más recientes de la historia, también de la historia eclesiástica, fue siempre mayor la tendencia hacia lo científico y hacia las cosas materiales de este mundo, con la consiguiente disminución del interés en cosas concernientes al mundo venidero. Para muchos, el universo actual era "lo definitivo, lo auto-suficiente", lo que les hacía mirar con creciente escepticismo el relato bíblico respecto del fin de este mundo y el juicio que ejecutaría Cristo a su retorno. El reino de Dios, la edad de oro, decían, no era algo que se debía esperar para un futuro más o menos remoto, sino algo que debía concretarse aquí y ahora mediante la creación de mejores condiciones de vida para la humanidad toda. Como reacción contra esa devaluación de la escatología, muchos cristianos conservadores comenzaron a dar un énfasis especial a esta área de la fe, e incluso la ubicaron en el centro de su mensaje. Las grandes catástrofes que ensombrecieron el siglo pasado, ante todo las dos Guerras Mundiales y las tensiones entre las naciones libres y las gobernadas por regímenes dictatoriales, incrementaron las ansias por una liberación definitiva de todos estos males. Y no por último, la creación del Estado de Israel en la Palestina de sus ancestros contribuyó en gran medida a reavivar el interés en lo que las profecías bíblicas podrían revelarnos en cuanto al futuro del pueblo israelí.

Por lo general, el milenarismo no es una peculiaridad de algunas denominaciones específicas, sino más bien una corriente que fluye con mayor o menor ímpetu a través de un buen número de líneas denominacionales, alcanzando relevancia en muchos grupos de Santidad y pentecostales, pero también en iglesias de tradición bautista y fundamentalista. Todos los quiliastas creen que la segunda venida de Cristo marcará la inauguración de un reino terrenal, visible, físico; respecto de los detalles empero, las opiniones son muy dispares. Unos, la mayoría, sostienen que Cristo aparecerá en forma visible al comienzo del período de mil años: son los así llamados Pre-milenaristas. Otros, no tan numerosos, afirman que Cristo vendrá al término del milenio; de ahí su nombre Post-milenaristas. Y hay una tercera variante: los cristianos que rechazan cualquier interpretación física de la segunda venida. A éstos se los conoce como A-milenaristas.

Será de utilidad presentar en síntesis las razones en que los milenaristas fundan sus enseñanzas. Ellos creen que:

Todas las predicciones en cuanto al reino del Mesías tienen que cumplirse literalmente.

Existe una diferencia entre el reino de Dios (la santa iglesia cristiana) y el reino de Cristo, su reinado en el milenio.

Israel habrá de llegar a ser luz para revelación a los gentiles (comp. Lc. 2:32), cosa que no puede ocurrir hasta que Israel se haya convertido.

En el milenio, Cristo obligará a toda la humanidad a reconocer su señorío.

El milenio será un reino visible, terrenal, de bendiciones en todo sentido.

Los milenaristas hablan de una serie de eventos que se producirán sucesivamente en aquellos tiempos postreros:

Cristo descenderá a la tierra en forma invisible para resucitar a los creyentes ya fallecidos y transfigurar a los que viven aún, a fin de que puedan ser "arrebatados" de la faz de la tierra durante la "grande tribulación".

La grande tribulación durará siete años. En el transcurso de este tiempo será revelado el anticristo, y el pueblo judío se convertirá a Cristo.

A continuación, Cristo establecerá su reino y juzgará a todas las naciones a base del trato que dieron a los judíos.

Cristo reinará por espacio de mil años. Hacia el final de este período, Satanás será puesto en libertad por un breve tiempo antes de su destrucción definitiva.

Al término del milenio habrá una "segunda resurrección" seguida por un juicio final, en que el infierno y la muerte serán aniquilados totalmente, y nacerá un nuevo cielo y una nueva tierra (Mayer, págs. 427-431).

La historia de la iglesia demuestra que la mayoría de los cristianos han rechazado el quiliasmo por no hallar sustento bíblico para tales enseñanzas. Se tiene la convicción de que las profecías acerca del esplendor del reino de Cristo hay que interpretarlas en sentido espiritual como referencias a la gloria de la iglesia neotestamentaria. Específicamente, estos cristianos creen que la Biblia habla de un solo retorno visible de Cristo a la tierra, a saber, en el día postrero para el juicio final. No ven apoyo escritural para hacer una distinción entre el reino de Dios y el reino de Cristo. Ni tampoco pueden descubrir una prueba escritural para la tesis de que el pueblo judío como tal (todos los descendientes de Abraham "según la carne") se convertirá a Cristo *en masa*. Y por último, quienes se oponen a lo que se enseña respecto del milenio creen que ese insistir en un reino milenario de bendiciones y glorias terrenales hace que la esperanza de los cristianos se aparte de la vida perdurable en los cielos y se dirija hacia una especie de paraíso terrenal.

Una forma peculiar de quiliasmo es lo que se llama "dispensacionalismo" por cuanto sostiene que al tratar con los hombres a través de los siglos, Dios lo hace mediante una variedad de diferentes maneras o "dispensaciones". Tomando como punto de referencia la semana de la Creación descrita en Génesis cap. 1, el dispensacionalismo enseña que toda la historia debe ser dividida en siete períodos diferentes. Así como Dios realizó una obra creadora particular en cada uno de los primeros seis días y reposó al día séptimo, así él tiene una manera nueva, distinta, de tratar con los hombres durante seis dispensaciones, llegando al punto culminante en la era séptima, el milenio. Los modos cómo unos y otros dispensacionalistas dividen la historia varían, pero los más de ellos concuerdan en que la era del Antiguo Testamento comprende cinco dispensaciones, y que la neotestamentaria constituye la sexta. Los dispensacionalistas están centrados en la historia y el destino del pueblo judío hasta un punto tal que para ellos, la iglesia del Nuevo Testamento es una "iglesia parentética" (iglesia entre paréntesis), una interrupción temporaria en la actividad básica de Dios.

A juicio de los cristianos que rechazan este esquema, la Biblia no da pie para la afirmación de que en su trato con la humanidad, Dios vaya ora por un camino, ora por otro; el evangelio de la gracia de Dios es uno y el mismo en todos los períodos de la historia. No hay fundamento bíblico para hacer de Israel el centro de la historia universal; el centro es la obra de Cristo y la iglesia del Nuevo Testamento. Tampoco hay autorización alguna para convertir el Sermón del Monte en el mensaje definitivo de Dios al hombre; este mensaje definitivo es el evangelio.

LOS ADVENTISTAS DEL SÉPTIMO DÍA

Como lo indica su nombre, esta iglesia tiene dos temas claves en su enseñanza: la observancia del séptimo día, o sábado, y la segunda venida, o advenimiento, de Cristo. A principios del siglo XIX, un campesino llamado William Miller, que llegó a ser predicador bautista, concluyó a base de su estudio de la Biblia que la venida de Cristo y el inicio del milenio podían predecirse con precisión. Factor básico para estas predicciones era la interpretación de ciertos números y designaciones relativas al calendario que aparecen en la Biblia, p. ej. 3, 7, 1000, día, semana, mes, año. "Interpretando" el pasaje Daniel 8: 13,14, donde se dice que el santuario, o templo, sería asolado o profanado por espacio de 2.300 días, Miller razonó que cada "día" representaba un año. Por lo tanto, al cabo de 2.300 años, la asolación o profanación del templo llegaría a su fin, y comenzaría una era nueva, feliz, a saber, el milenio. El punto de partida, Miller lo fijó en el año 457 a. J. C., que fue cuando se dio la orden de reedificar a Jerusalén. 2.300 menos 457 = 1843 d. C. El advenimiento de Cristo para inaugurar el milenio ocurriría, pues, en algún momento de este año 1843. Como en esta fecha no pasó nada fuera de lo común, se explicó que se había deslizado un ligero error en el cálculo, y que Cristo aparecería visiblemente el día 22 de octubre de 1844. Ante un nuevo fracaso, la mayoría de los seguidores de Miller le dieron las espaldas y retornaron a las iglesias de donde habían venido.

No obstante, se halló otra explicación para la aparente falla de Miller: sus datos eran correctos, pero se entendió mal su descripción de lo que habría de acontecer. Eso fue lo que sostuvo la señora de Ellen G. White, quien junto con su esposo y algunas otras personas, habían sido firmes defensores de Miller. White afirmaba haber tenido visiones y recibido mensajes proféticos por boca directa de Dios. En una de sus visiones, dijo, había visto un sendero angosto que conducía a la Jerusalén celestial, y los que transitaban por dicho sendero eran exclusivamente adventistas. Otra visión le abrió a White el entendimiento del mensaje de los tres ángeles mencionados en Ap. 14:6 y sigtes. En efecto, William Miller había estado en lo correcto con su 1843 ó 44, pero el acontecimiento en cuestión había ocurrido en el cielo. La hora del juicio divino había llegado, la Babilonia impía había caído, cuando los adventistas abandonaron sus denominaciones habituales; y el tercer mensaje (Ap. 14:9 y sigtes.) era una clara advertencia en contra de la adoración de la bestia, el anticristo, que compelía a los cristianos a observar el domingo en vez del sábado. Lo que hizo White fue, pues, combinar el quiliasmo de Miller con la observancia del séptimo día. Para los adventistas del séptimo día, los escritos de White son "consejos inspirados por el Señor".

Además de guardar la ley del sábado, los adventistas creen que muchos otros preceptos del Antiguo Testamento, como el diezmo y las disposiciones en cuanto a la comida, todavía rigen también para los cristianos.

Los adventistas no comparten lo que cree la cristiandad en general respecto de la inmortalidad del alma. Un autor adventista de primera fila escribe que

los adventistas sostienen que la vida proviene exclusivamente de Cristo, fuente de la vida. Nadie, afirman, puede tener vida eterna a no ser por Cristo. De por sí, el hombre es mortal, sujeto a la muerte. Sólo Cristo puede hacerle inmortal. Y esa inmortalidad, dice la Biblia, no será otorgada a nadie antes de que acontezca la resurrección en el día del segundo advenimiento de Cristo en gloria.

Los adventistas del séptimo día aseveran que la antigua suposición de que inmediatamente después de muerta, la persona va al cielo o al infierno, es una infiltración de mitología pagana en la teología cristiana. La enseñanza bíblica al respecto, dicen, es más clara que el sol: *los muertos están durmiendo hasta el glorioso retorno de Jesucristo como Rey de reyes y Señor de señores*. Entonces, y sólo entonces, se hará la asignación final de premios y castigos (Arthur S. Maxwell, "¿Qué es un adventista del séptimo día?" en Rosten, págs. 184 y sigte.; el énfasis es nuestro).

Esta doctrina recibe el nombre de "sicopaniquismo", o sueño del alma.

Del número total de aproximadamente 1.000.000 de adventistas, unos 300.000 viven en los Estados Unidos de Norteamérica (datos de 1980).

IX
LOS CULTOS

En su libro acerca de las denominaciones, el autor católico romano William J. Whalen introduce la sección dedicada a los Cultos diciendo que

> hay una variedad de cuerpos religiosos caratulados comúnmente como cristianos a pesar de que no tienen derecho alguno a ostentar este título. Algunos de estos grupos niegan las verdades cristianas más fundamentales, como p. ej. la divinidad de Cristo, la existencia del mal, la Trinidad, el pecado original y la redención, y no obstante gozan del prestigio que corresponde a una iglesia cristiana en una nación que oficialmente profesa esta religión.
>
> ....
>
> hablaremos en esta sección de un número de cultos que de alguna manera tendremos que calificar de "cristianos por cortesía". Al examinar a fondo sus dogmas no hallaremos asidero alguno para extenderles el título de "cristianos", por más que los cultistas mismos crean poder apropiarse este nombre (William J. Whalen, *Separeted Brethren*, Milwaukee: The Bruce Publishing Company, 1961, págs. 147 y sigte.).

La palabra "culto" se usa a menudo como designación de grupos religiosos que deben su origen y subsistencia a la adhesión a enseñanzas que tienen poco o nada en común con la fe cristiana histórica, pese a que se valgan de terminología cristiana, le asignen a Cristo un lugar en su sistema, y se consideren a sí mismos "cristianos". Pero la verdad es que muchos de ellos ocupan un lugar al margen de las iglesias cristianas históricas, y aun en fuerte oposición a ellas.

Llegados a este punto, haremos bien en recapitular qué es lo básico en el cristianismo bíblico. El tener en mente lo que constituye los pilares de la fe cristiana nos ayudará a determinar si las propuestas de tal o cual grupo religioso van conformes con lo que es genuinamente cristiano. El resumen más conciso de la fe cristiana es el que nos presentan los antiguos credos ecuménicos: "creer" implica creer en el Dios trino, Padre, Hijo, y Espíritu Santo, como el único Dios verdadero. Lutero: "Por eso, estos artículos del Credo nos separan y nos ponen aparte a nosotros los cristianos de todos los demás hombres de la tierra" (Catecismo Mayor, Credo, 66, LC, pág. 447), o sea: quienquiera que no cree en el Dios trino, no es cristiano. Ser cristiano quiere decir reconocer la realidad del pecado y del mal en todo ser humano, y su incapacidad absoluta de salvarse por sí mismo del juicio de Dios. Ser cristiano quiere decir creer que Dios ha provisto todo lo necesario para la salvación de todos los pecadores mediante la pasión, muerte y resurrección de Jesucristo, su Hijo eterno, quien es nuestro único Salvador. Ser cristiano incluye creer en la obra del Espíritu Santo quien despierta en la gente la fe en Dios y les da las fuerzas para llevar una vida en santificación. Ser cristiano incluye además creer en la santa iglesia cristiana como la comunidad de los fieles, congregados en torno del evangelio que se difunde mediante la predicación de la palabra de Dios y los sacramentos instituidos por Cristo. Ser cristiano quiere decir esperar el retorno de Cristo en el día postrero para ejecutar su juicio final, que es cuando hará entrar en la vida eterna a todos los creyentes y en la muerte eterna a todos los que desdeñaron la oferta divina de salvación por medio de Cristo Jesús. Y finalmente, los cristianos creen que la Biblia es la palabra de Dios y por ende la única fuente para la enseñanza cristiana.

En todos estos factores estamos pensando al responder a la pregunta: ¿qué quiere decir "ser cristiano"? Pero esto *no* quiere decir que solamente es cristiana la persona que confiesa y expresa estas verdades de un modo perfecto. Tampoco quiere decir que solamente tiene derecho a llamarse cristiano aquel que cumple a la perfección con todo lo que la fe cristiana implica. De ser así, nadie podría ser un cristiano, puesto que, como bien dice Lutero, "diariamente pecamos mucho y sólo merecemos el castigo" (Catecismo Menor, 5. Petición), por lo cual todos los cristianos tenemos necesidad de que a diario se nos perdonen nuestros pecados. Además, no todos los temas incluidos en la fe cristiana revisten el mismo grado de importancia. Si lo queremos reducir a una expresión mínima irrenunciable: si una persona es cristiana o no, queda determinado por su relación "con el oficio y la obra de Jesucristo, o con nuestra redención" (Artículos de Esmalcalda, LC, pág. 300). La fe en Jesucristo es lo que hace que uno sea un "cristiano".

> El artículo primero y principal es éste: que Jesucristo, nuestro Dios y Señor, "fue entregado por nuestras transgresiones, y resucitado para nuestra justificación" (Ro. 4:25). Él, y sólo él, es "el Cordero de Dios, que quita el pecado del mundo" (Jn. 1:29), y "Jehová cargó en él el pecado de todos nosotros" (Is. 53:6). Más aún, "todos pecaron", y "son justificados gratuitamente por su gracia, mediante la redención que es en Cristo Jesús, por medio...de su sangre" (Ro. 3:23-25).
>
> ....
>
> Apartarse de este artículo o hacer concesiones no es posible (ibíd.).

Pero donde hay una negación explícita de las verdades cristianas básicas, no es más que justo preguntar si los individuos o grupos que hacen suyas tales negaciones se pueden llamar propiamente "cristianos". Por supuesto, un juicio de esta naturaleza tiene que limitarse a lo que se enseña o niega en términos explícitos. Es muy posible que aun en cultos sub-cristianos o no-cristianos haya miembros individuales que son cristianos a pesar de su filiación, por más débil y fragmentario que sea su entendimiento y su fe.

Hacia el final de nuestras consideraciones echaremos un vistazo a alguno de estos cultos.

A. Los Testigos de Jehová

Este grupo religioso entró en existencia hace aproximadamente un siglo y cuarto (1872). Fue fundado por Charles T. Russell, quien adoptó algunas de las ideas de los adventistas, tales como la fijación de fechas, la aniquilación de los malvados y la cercanía del retorno de Cristo, y les dio un matiz aún más radicalizado. Profesaba el dispensacionalismo, pero dividió la historia en tres áreas separadas, y no en siete como era lo habitual. Cada período, decía, ofrece al hombre la posibilidad de ganarse el derecho a la vida eterna, a condición de que obedezca la ley de Dios. Los ángeles tuvieron a su cargo la primera dispensación, que terminó con el diluvio. Durante el tiempo del segundo "mundo" fue Satanás el que ejercía el control, hasta que en 1914 fue expulsado del cielo. Este año marcó el comienzo del tercer "mundo", la perfecta edad de oro. A Russell le sucedió Joseph F. Rutherford, de 1916 a1942, quien a su vez tuvo como sucesor a Nathan H. Knorr. En las décadas iniciales de su historia, a los adherentes del grupo se los conocía como Russellitas, Dawnistas, Milenaristas, International Bible Students, (en alemán: Ernste Bibelforscher); desde 1931 su nombre es Testigos de Jehová.

Su sede central se halla en Brooklyn, N. York, donde están incorporados como "The Watchtower Bible and Tract Society" (en la Argentina: "Asociación de los Testigos de Jehová"). Los grupos locales no se auto-denominan "iglesias" sino "congregaciones", sus lugares de reunión son los así llamados "Salones del Reino". Para propagar su movimiento, los testigos de Jehová se valen de un agresivo plan de proselitismo, minuciosamente elaborado y organizado, y un sistema de indoctrinación que un ex-miembro describió como "siete pasos de lavado de cerebro" (W. J. Schnell, *Thirty Years a Watchtower Slave, The Confession of a Converted Jehova's Witness* [Treinta años como esclavo del Atalaya – Confesión de un testigo de Jehová convertido] Grand Rapids:

Baker Book House, 1956, págs. 131 y sigtes.). Todo miembro es considerado un ministro o "anunciador", y se espera que cada uno consagre un tiempo considerable al trabajo de proselitismo. En síntesis, la idea central de este culto es la siguiente:

Jehová creó este mundo con la intención de que fuese el hogar permanente del hombre, a condición de que ese hombre diera pruebas de obediencia a Jehová. Sin embargo, Lúcifer, el señor del mundo visible, cayó en rebeldía y desafió a Jehová a que colocara en esta tierra a una criatura que no incurriese en blasfemias y reproches contra él. En respuesta a dicho desafío, Jehová creó al hombre, y le dio a Lúcifer, o Satanás, el permiso de hacer todo cuanto estuviera en su poder para tentar al hombre a blasfemar de Jehová, con lo que quedaría en evidencia que el hombre puede, en efecto, guardar las leyes de la teocracia de Jehová. Por supuesto, Satanás sigue ejerciendo su dominio sobre el mundo hasta el día de hoy, y es relativamente escaso el número de los que son capaces de reconocer las exigencias de la ley de Jehová el Señor. Pero ya pronto, ese dominio de Satanás será destruido, y quedará establecida la teocracia de Dios. La humanidad se tornará obediente. Este mundo vivirá por siempre bajo el reinado de Jehová. El propósito original de Jehová al crear el mundo se cumplirá. Los testigos de Jehová creen que ellos fueron llamados a escena para anunciar el pronto establecimiento de la teocracia divina (Mayer, pág. 466).

Los testigos sostienen que el único Dios verdadero es Jehová. Este nombre, dicen, procede del sacratísimo título ostentado por Dios en el Antiguo Testamento, una palabra formada por las cuatro consonantes JHWH. Por reverencia, los israelitas evitaron pronunciar este nombre; pero en todos los pasajes en que figuraba, lo sustituían con el nombre ADONAI, que en hebreo significa "mi Señor". La traducción del Antiguo Testamento al griego emplea para JHWH el vocablo KYRIOS, Señor, y así lo hace también el Nuevo Testamento griego, práctica seguida por las más de las traducciones a lenguas modernas. No pocos de los pasajes 'JHWH' del Antiguo Testamento aparecen como citas en el Nuevo Testamento, donde se los aplica directamente al Señor Jesucristo. Pese a su aseveración de que no adoran sino al verdadero Dios Jehová, los testigos se refieren a la Trinidad como "doctrina manifiestamente pagana" (Van Baalen, pág. 240).

Rutherford, el segundo conductor del culto, declaró:

La doctrina de la "trinidad" no tiene ningún tipo de asidero en la Biblia; al contrario, la Biblia ofrece pruebas indubitables de que se trata de una doctrina del diablo, impuesta a los hombres en forma fraudulenta para destruir su fe en Jehová Dios y su misericordiosa provisión para redimir y regenerar a la raza humana. Está a la luz del día, pues, que la doctrina acerca de la así llamada "santa trinidad" es otra de las mentiras de Satanás (cit. en Mayer, pág. 469).

Los testigos de Jehová enseñan que los esfuerzos de Satanás por impedir que los hombres obedezcan a Jehová cuentan con el apoyo de tres aliados, a saber: las iglesias, el mundo de las finanzas, y los gobiernos. Para citar palabras de Rutherford:

En nuestros últimos tiempos, estos tres elementos se han unido bajo la supervisión del diablo para formar el poder mundial más sutil y perverso de todos los tiempos (Mayer, pág. 471).

No sorprende, pues, que los miembros de este culto sean tan categóricos en su oposición a la iglesia, y que se nieguen tenazmente a saludar la bandera y a participar en cualquier guerra emprendida por el gobierno.

Los testigos afirman que Jesús no era el Hijo de Dios, coigual al Padre, sino una criatura, hombre nada más; para ellos la obra reconciliadora de Jesús quedó incompleta y tiene que ser suplementada con el retorno del hombre a Dios mediante su propia y libre voluntad. Dicen además que el hombre no *tiene* un alma sino que *es* un alma; la muerte es sinónimo de extinción total.

La humanidad se divide en cuatro grupos separados:

Los 144.000, llamados también "la gran clase del misterio" o "la esposa de Cristo". Son "el cuerpo de Cristo", y por su obediencia a Jehová han conquistado el derecho de vivir por siempre jamás.

Los fieles del Antiguo Testamento. No pueden acceder a la inmortalidad porque vivieron antes de que Jesús completara su tarea. Pero habitarán sobre la tierra en la parte visible del reino de Dios. Incluso, Rutherford había levantado un gran edificio en San Diego, California, que habría de albergar a los santos del Antiguo Testamento a su retorno a este mundo, tales como Abraham, David y otros. El nombre dado a aquel lugar era *Beth Sarim* (Casa de los Príncipes). Lo vendieron en 1948.

La clase Jonadab, con otros nombres "la multitud", "las otras ovejas", o "la gente de buena voluntad". Dicen que este grupo lo componen todos aquellos que se mostraron amables con los testigos de Jehová.

Las personas a las cuales se les brindará la oportunidad de dar pruebas de su lealtad a Jehová en el reino que habrá de venir. Son los que en los días de su vida terrenal fallaron en su obediencia a Jehová a causa de su ignorancia en cuanto a su naturaleza real. Serán resucitados en el milenio y recibirán otra oportunidad.

Repartidos sobre casi todos los países, los Testigos de Jehová suman más de 1.250.000 de "anunciadores", algo menos de medio millón en los Estados Unidos (datos de 1980).

B. La Iglesia de Jesucristo de los Santos de los Últimos Días (Mormones)

Lo que se dijo en cuanto a la "americanicidad" de los Testigos de Jehová vale también, y quizás en medida aún mayor, para los mormones. Todo lo concerniente a este movimientos está ligado en forma inseparable con el hemisferio occidental, el "Nuevo Mundo". No sólo fue fundado por un americano, sino que muchos rasgos importantes de su sistema tienen que ver con eventos que, según dicen, se presentaron por vez primera en América del Sur, y luego también en América del Norte.

El estudio del mormonismo se puede encarar desde más de un punto de vista, p. ej. como experimento comunitario agrícola-industrial con fuerte acento en lo social. Visto así, el cuadro es altamente positivo.

Cuando el Estado de Utah todavía formaba parte de Méjico, millares de mormones se establecieron allí tras larga marcha en caravana por los llanos, y dieron vida a una pujante comunidad cuya influencia traspasó los límites estatales y se hizo sentir profundamente en los Estados del Oeste circunvecinos. Su marcado interés por el bienestar físico de todos sus miembros hizo que nadie tuviera que pasar hambre, ni dependiera de la ayuda del gobierno u otras instancias. Igualmente notable era y es su énfasis en la solidaridad y el cuidado por la familia. A fin de poder proveer a todas las necesidades tanto familiares y sociales como religiosas, se espera que todos los miembros aporten al menos el diez por ciento de todos sus ingresos y bienes al patrimonio de la iglesia. Impulsados por un celo inusual de propagar su sistema religioso, demandan que todos sus feligreses se ofrezcan como voluntarios para difundirlo a lo largo y lo ancho del mundo.

Sin embargo, lo que nos interesa ante todo es el aspecto teológico. ¿Cuáles son las enseñanzas del mormonismo, y a qué resultado llegamos si los comparamos con el cristianismo tradicional?

Todo empezó con José Smith, hijo de un colono de las inmediaciones de Palmyra, N. York. El joven era dado a sueños y serias reflexiones acerca de la escena religiosa de su entorno. Le tenían preocupado las diferencias entre las denominaciones. En medio de sus vacilaciones respecto de cuál sería la iglesia a la que

le convenía afiliarse, "de pronto le aparecieron en visión dos
ángeles, o personas transfiguradas, que le dijeron que no se uniera
a ninguna de las iglesias existentes, puesto que todas ellas se
habían apartado de la verdad, y el evangelio se había perdido".
Un par de años más tarde le apareció el ángel Moroni y le
encomendó la tarea de traducir un número de tablas de oro
supuestamente escondidas en la Colina Cumorah, cerca de
Palmyra. Esas tablas, decía el ángel, llevaban una inscripción en
"egipcio reformado", y a Smith se le facilitaron unos lentes
misteriosos llamados Urim y Thummim, que capacitaron a ese
joven carente de instrucción y a algunos pocos colaboradores
suyos para traducir el texto de las tablas de oro. Así nació el *Libro
Mormón*, según el relato del propio Smith. El día 6 de abril de
1830 queda grabado en la historia como el día en que J. Smith
junto con otros cinco correligionarios, entre quienes se destacaba
Sydney Rigdon, organizó la Iglesia de Jesucristo de los Santos de
los Últimos Días. Smith afirmaba tener visiones especiales y era
considerado por sus seguidores como un profeta inspirado, no
inferior a los profetas bíblicos de antaño.

A partir de aquella fecha, y por espacio de varios años, el
grupo se mudó de un lugar a otro, primero a Kirtland, Ohio, luego
a Independence, Missouri, y finalmente a Nauvoo, Illinois, a
orillas del río Mississippi. Allí fundaron una floreciente
comunidad, que por algún tiempo era la ciudad más populosa de
Illinois. Incluso, Smith se postuló para el cargo de presidente de
los Estados Unidos. Sin embargo, algunas de las enseñanzas raras
de los mormones, entre ellas la promoción de la poligamia, les
crearon un clima de hostilidad en su ambiente, y José Smith y su
hermano Hyrum fueron asesinados en un tumulto popular. Tras
esta atroz tragedia, un joven y talentoso seguidor de Smith, de
nombre Brigham Young, asumió la dirección del movimiento, y
bajo su guía, la comunidad entera se trasladó a Salt Lake City,
Utah. Un grupo minoritario, que insistía en que la presidencia
tenía que pasar a manos de un descendiente de Smith, y que
además repudiaba algunas de las enseñanzas de Young, fue a

establecerse en Independence, Missouri, con un nuevo nombre: "Iglesia Reorganizada de Jesucristo de los Santos de los Últimos Días". Cuando el Territorio de Utah solicitó su reconocimiento como Estado, el gobierno nacional se negó a concedérselo a menos que los mormones abandonaran la práctica de la poligamia. A raíz de ello, el presidente de la iglesia, Wilford Woodruff, emitió el siguiente comunicado con fecha del 6 de octubre de 1890: "Mi consejo a los Santos de los Últimos Días es abstenerse de contraer matrimonios prohibidos por las leyes del país" (*Doctrina y Convenios*, Mayer, pág. 461, n. 28).

El sistema doctrinal del mormonismo es bastante complicado, y es evidente que se le han incorporado elementos extraídos de una variedad de fuentes. Entre los puntos fundamentales pueden citarse:

> Primero, la existencia eterna de un Dios viviente y personal, y la pre-existencia y eterna duración de la humanidad como su descendencia literal; y segundo, la colocación del hombre sobre la tierra como espíritu materializado con el fin de someterse a las experiencias de una aprobación intermedia (Mayer, pág. 455).

En toda su historia, la iglesia cristiana ha visto en las Sagradas Escrituras la fuente autoritativa para sus enseñanzas. También los mormones consideran a la Biblia como palabra de Dios, especialmente para el "mundo viejo", o sea, los creyentes de los tiempos antiguos. Pero a esto añaden el "Libro de Mormón" para el mundo occidental y los creyentes de tiempos más recientes, o sea, "los Santos de los Últimos Días". Los mormones creen además en las revelaciones continuas hechas por Dios a Smith y otros que le siguieron en la conducción del movimiento, revelaciones aún más importantes que la Biblia y el Libro de Mormón. Estas revelaciones, dicen, están registradas en *La Perla de Gran Precio* y en lo que llaman *Doctrina y Convenios*.

Según el *Libro de Mormón*, una gran multitud procedente de Asia cruzó el océano y se radicó en América del Sur, miles de años antes de Cristo. Alrededor del 600 a. C. ya se habían extinguido, pero como legado a la posteridad dejaron el relato de su historia grabado en 24 tablas de oro, que más tarde fueron halladas por Moroni. Se cuenta que hubo otra corriente emigratoria, desde Jerusalén a América, de la cual formaba parte un tal Lehi con su familia. Los descendientes de su hijo, Nephi, se destacaron por su piedad y fueron los creadores de una elevada cultura. Se supone que Jesús, después de su ascensión, apareció a los nephitas y estableció entre ellos su iglesia. Los descendientes de Laman en cambio, otro de los hijos de Lehi, eran unos malvados e hicieron la guerra a los nephitas. Como castigo su piel se tornó oscura; de ellos descienden los indios. Alrededor del año 400 d. C., el último sobreviviente de los nephitas, el ángel Moroni, hijo de Mormón, logró llevarse las tablas de oro desde Sudamérica a las cercanías de Nueva York y las enterró en la Colina Cumorah, donde dice haberlas encontrado José Smith.

Muchos investigadores dan por comprobado que el *Libro de Mormón* fue compuesto por José Smith y Sidney Rigdon a base de una novela inédita de Salomón Spaulding, un clérigo presbiteriano. La novela se titulaba *El Manuscrito Descubierto*, y su objetivo era relatar los orígenes de los indios norteamericanos. (Para mayores detalles véase J. K. Van Baalen, págs. 151 y sigte.; Mayer, págs. 456 y sigtes.).

Los mormones creen en una pluralidad de dioses. Al Padre y al Hijo se los imaginan como seres físicos, mientras que el Espíritu Santo es para ellos un "espíritu personificado". Se enseña que hay una progresión incesante tanto entre los dioses como entre los hombres, conforme al axioma de Mormón: "Tal como es el hombre hoy, así era Dios antes; y tal como Dios es hoy, puede llegar a ser el hombre".

Con respecto a la raza humana se dice que "la existencia del hombre mismo data del pasado pre-mortal, y continuará, con su identidad individual, por el futuro eterno e interminable" (Ricardo L. Evans: ¿Qué es un Mormón?", en Rosten, pág. 135). El hombre tiene que pasar por tres etapas de aprobación:

preexistencia, encarnación, y 'post mortem'. Antes de su encarnación, el hombre es un alma sin cuerpo que depende de la unión formada por varones y mujeres en esta tierra para ser provista de un cuerpo. Por esta razón, el matrimonio y la familia desempeñan un papel preponderante en el mormonismo. Según Evans,

> El mormón cree que no puede haber cielo para él sin su familia; que, en caso de cumplir plenamente con las enseñanzas de su iglesia, entra en un pacto matrimonial que dura no sólo "hasta que la muerte nos separe", sino que continúa "por los siglos de los siglos" (Rosten, pág. 137).

Sin embargo, únicamente los matrimonios contraídos según los ritos secretos de los templos mormones gozan de este privilegio; son los así llamados "matrimonios celestiales".

Cuando los mormones hablan de Jesucristo como el Salvador, lo que quieren decir parece ser que su obra de reconciliación consiste en su resurrección a la inmortalidad, con lo que dio al hombre la posibilidad de ir elaborando su propia salvación después de muerto. Para los que no lo pudieron lograr durante la vida presente dicen que hay otra oportunidad después de la muerte.

Según sus propias declaraciones, la Iglesia de Jesucristo de los Santos de los Últimos Días tiene más que dos millones de miembros.

C. LA CIENCIA CRISTIANA

Ciencia Cristiana es el nombre que su fundadora, María Baker Eddy, dio a las soluciones que halló en su búsqueda del camino que conduce al bienestar físico y mental del hombre. Nacida en Bow, New Hampshire, como hija de un devoto agricultor, María Baker pasó los años de su infancia y juventud aquejada por graves enfermedades y depresiones nerviosas. Llegada a mayor edad, dio muestras de poseer un carácter fuerte y dominante. Estuvo casada tres veces, primero con Jorge Washington Glover, un empresario, que falleció a los pocos meses. De este matrimonio tuvo un hijo, nacido después de la muerte de Glover. Su segundo esposo fue el Dr. Daniel Patterson, un dentista, del cual se divorció al cabo de unos pocos años. A la edad de 56 años contrajo enlace con Asa Gilbert Eddy, un agente de máquinas de coser, quien se consagró abnegadamente a defender los intereses de su esposa hasta su deceso a causa de una deficiencia cardíaca. A pesar de que así lo dictaminaron los médicos que le habían practicado una autopsia, Eddy creyó que su marido había sido "envenenado con arsénico administrado por vía mental".

Frecuentes ataques de enfermedades y dolencias de diversa índole condujeron a Eddy al consumo de morfina, al tiempo que prosiguió con su búsqueda de alivio. En 1862 dio con un tal Finees Parkhurst Quimby, de Portland, Maine, que hacía curaciones por medio del mesmerismo, o hipnotismo, o "electricidad mental". Durante una estadía de algunas semanas en Portland, Eddy fue sanada de sus achaques nerviosos gracias al tratamiento de Quimby. De inmediato se enfrascó en la lectura de sus manuscritos y se empapó de sus ideas curativas. Más tarde repitió sus estudios con Quimby, pero esta vez por un tiempo más prolongado. Al leer los escritos de Eddy, se descubre sin dificultad cuánto influyeron en ella las ideas de Quimby. Respecto de su libro, *Ciencia y Salud con Clave para las Escrituras* (primera edición en 1875), Eddy afirma lo siguiente:

Debería avergonzarme de haber escrito un libro como ese "Ciencia y Salud con Clave para las Escrituras" si dicho libro fuera de origen humano, y si yo, aparte de Dios, fuese su autora. Pero como yo no fui más que amanuense que cual eco repetía las armonías celestiales en metafísica divina, no tengo por qué pecar de falsa modestia en cuanto a mi estima del libro de texto de la Ciencia Cristiana (*Christian Science Journal*, enero de 1901 cit. Por Jorge W. Wittmer, *Christian Science in the Light of the Bible*. St. Louis:

Concordia Publishing House, 1949, pág. 27).

En 1879, Eddy organizó la Iglesia de Cristo (Cientista) en la ciudad de Boston. Dos años más tarde fundó la Escuela Metafísica de Massachussetts. En el transcurso de la década siguiente se dedicó a dictar un curso compuesto por doce lecciones en que exponía sus métodos de curación, curso que contó con la participación de un total de unos 4.000 estudiantes, a razón de 300 dólares por persona. Al tiempo de su muerte, la fortuna de Eddy se calculaba en alrededor de tres millones de dólares. Durante sus últimos años se retiró más y más de las cosas de este mundo, hasta que falleció en 1910 a la edad de 89 años.

La Clave para las Escrituras, apéndice al libro *Ciencia y Salud*, ofrece un glosario de términos bíblicos en interpretación de M. Eddy, en que se explica el sentido metafísico, o "espiritual" de dichos términos. He aquí algunas de sus definiciones:

Creado: Espíritu, mente, inteligencia; el divino principio animador de todo lo que es real y bueno, vida autónoma, verdad y amor; lo opuesto a materia y mal, que no tiene principio.

Muerte: Una ilusión; la mentira de que en la materia hay vida; la materia no tiene vida, por lo tanto no tiene existencia real. La mente es inmortal.

Dios: El gran Yo Soy. El principio, mente, alma, espíritu, vida, verdad, amor.

Jesús: El concepto corpóreo más elevado que se han formado los humanos respecto de la idea divina; es quien rechaza y destruye el error y trae a la luz la inmortalidad del hombre.

Hombre: La idea compuesta del espíritu infinito.

Materia: Mitología, mortalidad, otro nombre para designar la mente mortal; ilusión; inteligencia, sustancia, y vida en un estado de no-inteligencia y mortalidad; sensación en la ausencia de sensación; mente originándose en la materia; aquello de lo cual la

mente inmortal no toma conocimiento; aquello que la mente mortal
ve, siente, oye, palpa y huele sólo en su imaginación.

Mente Mortal: 'Nada' que pretende ser 'algo', puesto que la mente
es inmortal; error que origina otros errores; la sensación está en la
materia, que es 'ausencia de sensación'.

Madre: Dios; principio divino y eterno; vida, verdad y amor.
(*Ciencia y Salud*, págs. 479-99)

Los servicios de adoración de la Ciencia Cristiana se
componen de música, lecturas bíblicas, oraciones, y una especie
de "sermón leído" a base de pasajes de la Biblia y del libro
Ciencia y Salud. Son frecuentes los testimonios espontáneos de
curaciones experimentadas por los miembros.

La Ciencia Cristiana hace abundante uso de términos bíblicos,
también de los nombres divinos, Dios Padre, Hijo, Espíritu Santo.
Sin embargo, por la manera cómo se definen y se usan estos
términos, resulta extremadamente difícil hallar alguna analogía
con las enseñanzas cristianas tradicionales. Eddy resumió la
médula de su mensaje en cuatro proposiciones "auto-evidentes" y
"comprobadas matemáticamente" que según ella, son reversibles,
es decir, que se pueden leer de izquierda a derecha y viceversa, y
que en ambas direcciones dan sentido:

> Dios es todo-en-todo.
> Dios es bueno. Dios es mente.
> Siendo que Dios y espíritu es todo, materia es nada.
> Vida, Dios, el bien omnipotente, niega la muerte, el mal,
> los pecados, la enfermedad
> (*Ciencia y Salud*, págs. 475 y sigte.).

En opinión de M. Eddy, la única realidad es la mente
divina. Toda materia es irreal. La enfermedad, el mal, la muerte,
todo esto es inexistente; sólo adquiere carácter real en la
imaginación del hombre incapaz de aceptar el hecho de su
inexistencia, o irrealidad. En la medida en que la gente llega al

conocimiento de que el mal y el dolor no existen, han quedado plenamente "curados" y han entrado en un estado de perfección. También el pecado se considera algo irreal, y por lo tanto, una "remisión de los pecados" es no sólo innecesaria, sino además, imposible. Incluso la muerte de Jesús fue irreal. Y con esto nos vemos enfrentados con una "religión" que enseña que no hay nada de que tengamos que ser salvados, nadie que tenga que ser salvado de algo, y nadie que será salvado" (Van Baalen, pág. 107). Otro autor sintetizó lo que es la Ciencia Cristiana en los siguientes términos: "Una idea abstracta (Cristo o la verdad) liberó al error de las mentes mortales (vale decir, al cuerpo humano) de otro error de la mente mortal (el pecado) mediante un tercer error de la mente mortal (la muerte de Jesús)", Mayer, pág. 542.

Dado que las ramas locales de la Ciencia Cristiana tienen prohibida la publicación de estadísticas sobre su membrecía, no es posible dar cifras exactas al respecto. Hay quienes estiman el número de adherentes en unos 500.000, en su mayoría miembros de las clases económica, social y culturalmente altas. Sin embargo, hay claros indicios de que en tiempos recientes, la cantidad de "seguidores" va disminuyendo en forma sensible.

* * *

Existen literalmente centenares de otros grupos y organizaciones de pretendida "orientación religiosa", interesados en ahondar en las cuestiones importantes que atañen al origen del hombre, su condición y destino, interesados también en hallar medios que puedan servir de ayuda al hombre en sus esfuerzos por encarar los grandes temas existenciales de vida y muerte. Es imposible analizarlos a todos, ni tampoco hace falta. Las denominaciones y los grupos religiosos que hemos enfocado en estas páginas representan no mucho menos que el 90 porciento de todas las personas que se declaran miembros de alguna iglesia. (El dato se refiere a los Estados Unidos, pero podemos considerarlo válido también para otros países. – Nota del trad.). Como nuestra reseña se limita a cuerpos consustanciados con el cristianismo, ya sea de hecho o nominalmente, es natural que no incluya datos en cuanto al judaísmo, el islam u otra religión no-cristiana. Además, hay no pocos grupos demasiado reducidos, o demasiado extravagantes, o de existencia efímera, o que surgieron como ligeras variantes de tradiciones teológicas más antiguas y mayores, razones éstas que nos eximen de darles un lugar en nuestro análisis. Todo cristiano con un conocimiento maduro de lo que son los fundamentos de su fe debiera estar en condiciones de evaluar las propuestas de cualquier sistema que se le presenta reclamando su consideración y aceptación.

X
EL NEOPENTECOSTALISMO

En el capítulo 5 se hizo un breve enfoque a los Pentecostales. La Iglesia Pentecostal, en sus diferentes vertientes, ha tenido un gran arraigo en el contexto latinoamericano, con un crecimiento significativo, sobre todo entre las clases sociales más vulnerables. Pero en la última década ha surgido con mucha fuerza un nuevo movimiento –algunos le llaman tercera onda– que ha penetrado incluso en el ámbito de las iglesias evangélicas históricas, fragmentándolas o desplazándolas. Este movimiento, con características tales como la guerra espiritual, la teología de la prosperidad, la unción del Espíritu Santo y otros ha sido denominado como "post-pentecostalismo", "pentecostales autónomos" o "neopentecostalismo". Sería muy difícil hacer una síntesis de este complejo panorama en el mundo evangélico latinoamericano. Por eso, creemos que alcanza con describir los rasgos salientes de quien es en la actualidad el principal exponente de esta corriente: La Iglesia Universal del Reino de Dios. Debido al crecimiento explosivo que ha experimentado en algo más de dos décadas, esta iglesia es objeto de análisis tanto en el ámbito evangélico tradicional como en el campo de las ciencias seculares. Quienes analizan a la IURD no se ahorran calificativos, tales como el de *milagro* o verdadero *fenómeno* del mundo religioso.

LA IGLESIA UNIVERSAL DEL REINO DE DIOS

La IURD nació en 1977 en un suburbio de Río de Janeiro, Brasil. Su fundador y actual cabeza es el obispo Edir Macedo, un hábil líder surgido del ambiente pentecostal. Junto con otros obreros comenzó una tarea intensa que fue creciendo, primero en locales alquilados, luego en una ex funeraria y pronto en salones cada vez más grandes a la par de una incursión vigorosa en los medios masivos de comunicación. Hoy, tal como sus propios miembros dicen, la IURD es "una iglesia que no para de crecer". En la actualidad representa el grupo evangélico más grande de Brasil, con millones de fieles, más de 2000 templos (datos de 1996) y con presencia en más de 50 países en América, Europa, Asia y África. En Brasil son propietarios de una cadena de televisión, periódicos y varias emisoras de radio. En la Argentina, al igual que en el resto de Latinoamérica, usan de manera intensa los medios de comunicación masiva, con la presencia de templos en numerosas ciudades.

Si bien sería valioso, no podemos intentar aquí analizar las claves del crecimiento de la IURD. Lo que haremos, es tratar de resumir algunas de sus doctrinas y sus prácticas más comunes. Para ubicarla en el espectro teológico podríamos decir que posee una teología de la gloria llevada al extremo, acompañada de un práctica carismática muy particular. Cuando analizamos sus postulados doctrinales -en su página de Internet de cuidada presentación- encontramos que no tienen gran diferencia con la teología pentecostal tradicional: bautismo en el Espíritu Santo asociado a la santidad de vida con manifestación en lenguas extrañas, énfasis en los dones del Espíritu Santo (aunque con reservas acerca de las "profecías"), el tema de la liberación y de la sanidad. Su doctrina de la Trinidad, cristología, soteriología y concepto de las Escrituras, por otra parte, podrían considerarse como ortodoxas.

Cuando observamos la práctica de la IURD, comenzamos a descubrir el aspecto nada ortodoxo de su doctrina. En la IURD sobresale la presencia de tres elementos rituales: el exorcismo, la conversión y la cura. Todas los aspectos de la vida de los fieles están englobados en esta trilogía. El concepto de *enfermedad* o *dolencia* tiene un sentido amplio: son dolencias los problemas físicos, el desempleo, los problemas familiares, las adicciones, la pobreza, etc. Dios, por ser un padre amoroso, no puede aceptar dolores o enfermedades en la vida de sus hijos. La mayoría de las enfermedades son causadas por el diablo o los demonios. Las enfermedades no contribuyen a la gloria de Dios, y sí a la miseria y desgracia de los hombres. La lógica de la IURD dice que "si las enfermedades proceden de Dios, entonces los médicos, los remedios y los pastores que oran por los enfermos deberían ser del diablo", por ende, no proceden de Dios. Lo primero que debe hacerse con alguien para llevarlo al Señor, es liberarlo del poder y la influencia del diablo y de sus ángeles, los demonios. El lema de los templos y los programas en los medios es "pare de sufrir". Cuando no se produce la cura, la explicación es la "falta de fe" o la ausencia de "una entrega a Jesucristo", en definitiva, la persona no está auténticamente convertida.

En el campo de la guerra espiritual, la IURD posee una lógica francamente aguerrida. Si el demonio está en el mundo, hay que conquistar el mundo para librarlo. Si en un cine se pasan películas pornográficas, hay que transformarlo en un templo que honre a Dios. El mal es considerado como una presencia activa (más que simple ausencia del bien) presente en el mundo y las personas a través de su creador, el demonio. El mal se puede manifestar en el cuerpo, causando dolencias diversas, en los puestos de trabajo impidiendo el empleo o en la cama matrimonial causando discusiones y dificultades sexuales. La forma en que se incorpora el mal puede ser diversa, desde trabajos de magia hasta por herencia habiendo padres ligados al ocultismo. Frente a esto se ejerce una práctica que denota un fuerte sincretismo y en la que se ha logrado absorber las principales expresiones de la religiosidad popular de Brasil. Se utiliza sal gruesa, se invoca a las entidades para que se manifiesten. Lo mismo se hace en cada nuevo país, adoptando el lenguaje y los símbolos locales, lo que permite, sin traumas, la aceptación del universo símbólico de la IURD.

En las cuestiones relativas a la ofrenda, el dinero y la prosperidad, la IURD ha desarrollado una lógica audaz al mismo tiempo que muy eficiente para las finanzas de la iglesia. Para la IURD los diezmos y ofrendas son tan sagrados como la palabra de Dios. Los diezmos significan fidelidad y las ofrendas el amor del siervo hacia el Señor. De acuerdo a sus enseñanzas, "los diezmos y ofrendas son la sangre de los salvos a favor de aquellos que necesitan de la salvación". La hermenéutica de la IURD es muy sutil al abordar el tema del dinero, y básicamente enseña el retorno multiplicado de lo que se le da a Dios. La prosperidad es posible cuando uno se desprende de su dinero y lo ofrenda en la IURD. Al mismo tiempo, la bendición económica es considerada la señal de bendición frente al mundo. Una afirmación de la IURD es: "Dios está sentado en un trono de gloria, y sus hijos deben usufructuar de todos sus derechos y mostrar con sus vidas la diferencia entre aquellos que son de Dios y aquellos que no los son. ¡La vida espiritual, física y económica bendecida es, como mínimo, un derecho de cada cristiano!" El dinero adquiere la connotación de un canal de comunicación, una especie de regateo o pacto con Dios. Al dar dinero la persona se arriesga, y si se arriesga es porque tiene fe. Se trata de una especie de pacto coercitivo directo con Dios, en el cual éste no puede quedar impasible frente a la fe demostrada, y así, *debe* bendecir al fiel. Es obvio que este desafío activa ciertos mecanismos en los fieles, los que muchas veces ayudan a que las personas efectivamente progresen o superen situaciones de estrechez económica, lo que retroalimenta el ciclo de testimonios y nuevos adherentes.

Uno de los aspectos interesantes en la práctica de la IURD es la centralidad del templo en toda su actividad. Los templos se abren todos los días, durante todo el día. Por lo general hay dos reuniones por la mañana y dos por la tarde. Cada día de la semana está dedicado a algún tema especial, destacándose las llamadas "cadenas", en las que los fieles son llamados a comprometerse y persistir si buscan una solución determinada: Cadena de la Prosperidad (los lunes), Cadena de la Sanidad (los martes), Cadena de la Sagrada Familia (los jueves). El resto de los días se dedican al Espíritu Santo, a la Liberación Espiritual, a la

Prosperidad y Terapia del Amor. La IURD tiene una importante actividad social, con comedores comunitarios, ayuda en situaciones de catástrofes, etc.

Resumiendo, podemos decir que las enseñanzas de la IURD, aunque reclamen fidelidad a las Escrituras, están muy emparentadas con la lógica de la religión natural, impregnadas de legalismo, en las que se invierte el tema de la gracia. Las amenazas en torno al tema de la ofrenda difieren bastante del enfoque que la Biblia hace del tema. Una cierta ley de causa y efecto, propia de un sistema legalista, puede ser ilustrada con estas palabras extraídas de un mensaje encontrado en el sitio de la IURD: "Si usted ama, él lo amará. Si usted lo busca, él se dejará hallar. Ser bendecido depende de cada uno de nosotros. Si hacemos nuestra parte, *Jesús hará la de él*. Si planto, voy a cosechar; si no planto, no voy a cosechar". La escatología no está tan preocupada en enfatizar una vida bienaventurada después de la muerte. La IURD promete una vida sana, próspera y victoriosa aquí y ahora, siempre que nos arriesguemos a tener fe. La cruz, el sufrimiento, la posibilidad de padecer con Cristo son una ofensa para el Dios predicado por la corriente neopentecostal. Quizá aquí resida una de las claves de su crecimiento, sobre todo en países donde las clases sociales vulnerables se multiplican día a día. Puede que la IURD no haya inventado nada nuevo en el campo religioso, pero sin duda ha tenido una actitud pragmática muy particular, logrando amalgamar con eficacia varios elementos de las iglesias pentecostales tradicionales con elementos de la religiosidad popular. Los resultados demuestran que su lenguaje es muy apropiado para un contexto en el que se superponen lo premoderno, lo moderno y lo postmoderno.

XI
REFLEXIONES FINALES

Centenares de grupos religiosos que compiten entre sí para ganar la adhesión y los aportes de la gente; que afirman extraer sus ideas de una y la misma fuente, la Biblia, pero que están en serio desacuerdo una con otra; y que ofrecen soluciones a menudo bastante contradictorias a los problemas humanos, nos plantea unas cuantas preguntas:

¿Cómo es que se originaron todas estas denominaciones? ¿A qué se deben las profundas diferencias que existen entre ellas? ¿Qué lecciones podemos, y debemos, sacar de este estado de cosas? ¿Cuál debe ser nuestra actitud para con los cristianos de otra iglesia o los adeptos de otra religión?

Jan Karel Van Baalen observa al respecto:

Estoy siempre más convencido de que podemos aprender por lo menos dos cosas de los adherentes a los diversos "cultos": darnos cuenta de lo que no hay que creer, pero también tener en cuenta que "los cultos son los cheques impagados de la iglesia" (*The Chaos of Cults*, p. 14).

Al mismo tiempo, un análisis de los cultos bien puede resultar en una humillación de nuestro ego, pues los más de ellos son el resultado de un énfasis insuficiente por parte de los cristianos en ciertos puntos esenciales de la enseñanza bíblica: nuestra jactancia de que "anunciamos todo el consejo de Dios" (Hch. 20:27) es con demasiada frecuencia una jactancia vana, fruto de la estrecha visión de quienes se rehúsan a dirigir sus miradas más allá de los confines de su propio grupito (ibíd. pág. 19).

Tales reflexiones debieran conducirnos a hacer algunas

averiguaciones acerca de cómo es la situación en nuestra propia iglesia. ¿Por qué este o aquel grupo "hizo rancho aparte"? ¿Fue porque les fallamos en algún detalle? Y si fue éste el motivo, ¿cuándo fallamos, y en qué? ¿Hubo alguna legítima necesidad espiritual que no supimos o no quisimos satisfacer? Si bien lo que enseñamos es bíblico, ¿hemos omitido algo que debiéramos haber dicho y hecho? ¿Hay puntos clave o acentos en nuestra teología que más bien han caído al olvido? ¿Qué hacer para que nuestra iglesia sea no sólo la "iglesia de la doctrina pura", sino una iglesia que sea sensible a todas las necesidades humanas legítimas, y dispuesta a darles solución hasta donde le sea posible?

No intentaremos responder aquí a todas estas preguntas. Lo importante es que estemos atentos a ellas, y que las tengamos en mente cuando tratamos de determinar nuestra relación con otros cristianos sin sacrificar o comprometer nuestras propias convicciones religiosas.

¿Por qué, pues, tenemos tantas denominaciones diferentes? No cabe duda de que algunos de los problemas tienen su origen en cierta terquedad, por no decir perversidad, que anida en el pecho de todos los humanos. En el pasado como en el presente, los hombres siempre se han mostrado reacios a tomar la palabra de Dios en el sentido en que Dios las dijo; antes bien, prefieren mirarlas a través de las lentes de sus propios prejuicios y tendencias, interpretándolas o modificándolas conforme a lo que ellos mismos querían que dijeran. Factores geográficos, históricos y políticos pueden haber contribuido a imprimir a algunos grupos sus caracteres específicos. También los problemas particulares de ciertos individuos, y la personalidad dominante de algunos líderes religiosos pueden haber influido en moldear los rasgos peculiares de un movimiento. Otro factor que puede mencionarse es el tan conocido "culto a la persona", que hace que los "fieles" sigan a ojos cerrados el camino por donde su carismático jefe los conduce. Sin embargo, tiene que haber otros motivos más por qué la cristiandad de hoy día se nos presenta como un cuerpo tan multiforme.

Prácticamente desde que la iglesia cristiana hizo su aparición en la historia, quienes tuvieron (o tomaron) a su cargo la tarea de formular lo que se debía enseñar, lo hicieron en reacción a lo que ellos consideraban exageraciones o formulaciones unilaterales. Con frecuencia, estas reacciones iban demasiado lejos y provocaban a su vez respuestas faltas de la debida mesura, siguiendo la ley del péndulo que oscila entre un punto extremo y otro. En la iglesia antigua, una escuela de teología, con centro en Alejandría, hizo resaltar la parte divina de las dos naturalezas de Cristo de tal modo que la otra parte, "...y también verdadero hombre...", aparecía como relegada a un plano secundario. Otra escuela de teología, la de Antioquía (Siria), puso el acento en la naturaleza humana del Señor, en menoscabo de su divinidad, y no acertó a definir la relación de una naturaleza con otra en la Una Sola Persona Jesucristo. Otro caso: al concentrarse en la persona del Cristo Redentor, ciertos teólogos omitieron dar la importancia debida a su obra como Salvador. Después de generaciones de arduas controversias, el Concilio de Calcedonia (451 d. C.) por fin logró combinar todos estos aspectos o acentos en una definición clara, acorde con la verdad bíblica.

Los luteranos siempre fueron descritos como la iglesia que enfatiza la justificación por la fe. En efecto: ellos mismos, los luteranos, se quejaron de que esta doctrina fue caratulada como "peculiaridad luterana" (J. Jonas, en su traducción al alemán de la Apología de la Confesión de Augsburgo, Art. XV, párr. 42: "A esta bendita doctrina, el caro y santo evangelio, la llaman luterana", LC, pág. 214, Nota 304). Si bien todos los cristianos creen en la justificación por la fe, hubo quienes eran de la opinión de que los luteranos hablaban de esta doctrina en forma unilateral, como si fuese un fin en sí misma, dejando de señalar debidamente su conexión inseparable con la santificación, o sea, la vida nueva, santa, del creyente. Y no se hizo esperar la reacción en forma de un nuevo y pronunciado acento en la santificación, lo que a los luteranos les parecía ir en detrimento de la justificación. Juan Wesley veía a Lutero así:

Nadie escribió en forma más acertada acerca de la justificación por la fe sola que Martín Lutero, y nadie mostró una ignorancia mayor que la de él respecto de la doctrina acerca de la santificación, o un concepto más confuso de la misma. Por otra parte, (...) ¡cuántos autores, miembros de la iglesia romana, se expresaron en términos vigorosos y enteramente bíblicos sobre la santificación, y sin embargo, mostraron un desconocimiento total en cuanto a la doctrina de la justificación! (Mayer, pág. 292, n. 35).

En el pensar de algunos, Dios es de una trascendencia absoluta, tan distante de lo que acontece en este mundo, que no tiene interés en él, ni busca contacto con él. De ahí que el mundo fuese concebido como "lugar cerrado", sin intervención divina desde el exterior. Como reacción, muchos se volcaron al otro extremo, insistiendo en que, lejos de estar distante, Dios está muy cerca, tan cerca que de hecho, es inmanente en toda persona. No es difícil ver a qué consecuencias se llega con estas diferentes maneras de aproximarse a Dios, si pensamos en las enseñanzas acerca de la palabra y los sacramentos.

Algunos minimizaron, o directamente rechazaron, todos los conceptos que tienen que ver con el más allá: cielo e infierno, vida eterna y eterna condenación. No hay otro mundo después del mundo presente, sostenían. Todo lo que quiera llamarse bendición o maldición, cielo o infierno, tiene que ser experimentado en esta vida, aquí y ahora. La escatología no es algo que queda reservado para el futuro, sino algo que se va concretando en el presente. ¡Todo lo contrario!, fue la réplica de quienes disentían de esta opinión, y en consecuencia, hicieron de las últimas cosas o postrimerías (muerte, juicio, infierno y gloria) el centro de su fe, en perjuicio de otras enseñanzas bíblicas.

Hablando de la iglesia, unos remarcaron el concepto corporativo, lo que para otros significaba restarle la debida importancia al individuo, por lo que a su vez pusieron al individuo en el centro, desplazando de allí al cuerpo. También acerca del ministerio hubo diversidad de criterios: unos sostenían que la validez y efectividad de lo que oficia un ministro depende de cómo está constituido específicamente el régimen eclesiástico, o del grado que reviste el ministro en cuestión, y de haber recibido la ordenación y autorización de un clérigo que podía remontar su propia ordenación a los apóstoles de la iglesia primitiva (la así llamada "sucesión apostólica"). Otros, por el contrario, rechazaron todos los elementos de gobierno eclesiástico y autorización oficial; para ellos, todo individuo es soberano, lo que hacía imposible cualquier tipo de procedimiento ordenado.

Algunos dieron gran importancia a formas litúrgicas prescritas, vestimentas, equipamientos para la casa de oración, etc. Toda desviación de las reglas establecidas se consideraba una seria infracción. Para otros, tal énfasis no era sino un frío formalismo, una insistencia en la forma por la forma misma, con lo cual se ahogaba toda iniciativa personal y expresión individual. Disconforme con la rigidez de las rúbricas litúrgicas, mucha gente se opuso a cualquier tipo de adoración estructurada, a fin de que toda persona pudiera expresar con plena libertad lo que sentía en su corazón. Los modelos corporativos, objetivos, fueron suplantados por una devoción subjetiva, "del corazón". Tal fue la manera cómo reaccionó el pietismo frente a la ortodoxia formal del luteranismo en Alemania, y el metodismo en protesta contra el formalismo anglicano.

Existe el dicho de que si bien ninguna de las grandes iglesias cristianas históricas niega propiedad alguna de las que las Escrituras atribuyen a Dios, ninguna de ellas enfatiza la misma propiedad que las demás. Y se dice, asimismo, que esta manera de encarar la doctrina acerca de Dios influye en el concepto general que se tiene de Dios, influencia que a su vez se extiende a otros puntos doctrinales (Wilhelm Walther, Lehrbuch der Symbolik. "Die Eigentümlichkeiten der vier christlichen Hauptkirchen" [Las particularidades de las cuatro iglesias cristianas principales]. Leipzig: A. Deichertsche Verlagsbuchhandlung, 1924, p. 9).

Partiendo de esta versión recogida por W. Walther, podríamos decir que la ortodoxia oriental hace hincapié en la bondad de Dios, que se traduce en una actitud benévola que minimiza la seriedad del pecado; que el catolicismo romano coloca en el centro la justicia punitiva y retributiva de Dios, lo que resulta en una enseñanza de la justificación a base de buenas obras; que el severo legalismo que a menudo se manifiesta en el calvinismo tiene sus raíces en su concepto de la soberanía absoluta de Dios; que el relativamente escaso activismo que evidencian los luteranos se debe al predominio que dan a la gracia de Dios. En verdad, esta manera de ver las cosas invita a pensar; pero no deja de ser una simplificación excesiva, que lleva en sí el peligro de incurrir en juicios poco equitativos si el observador deja de lado otros factores.

Otra manifestación de unilateralidad se puede constatar en la tendencia de establecer algo así como una escala de valores respecto de las personas de la Santa Trinidad. Una falta de equilibrio al destacar la "paternalidad" de Dios condujo a que quedara opacada en algo la obra de Jesucristo y del Espíritu Santo. Cierto tipo de concentración en Jesús derivó en lo que se dio en llamar "Jesús manía" o "Jesunitarismo". La creencia de algunos de que en la enseñanza de las iglesias principales se daba demasiado poca importancia a la actividad del Espíritu Santo, los indujo a crear una teología que otorgaba a la actividad del Espíritu un lugar de preeminencia, también en forma unilateral.

Según parece, existe una variedad casi ilimitada de posibilidades de cometer errores en la proclamación de "todo el consejo de Dios". En última instancia, esa proclamación equívoca se plasma en la manera cómo la gente lee, entiende y enseña el contenido de la Biblia, y cómo aplica las enseñanzas bíblicas a su diario vivir. Es de suma importancia no sólo ver *lo que dicen* las Sagradas Escrituras sino también descubrir *lo que quieren decirnos*, o sea, qué mensaje está dirigiendo Dios a la humanidad a través de su palabra. El que quiera penetrar en el contenido de un escrito, sea del autor que fuere, imprescindiblemente tendrá que dejar hablar a dicho autor en sus propios términos para poder hacer justicia a su mensaje y al propósito que le guía. Tanto más fundamental es seguir este proceder cuando se trata de penetrar en la palabra de Dios. El punto crítico es la apropiada exégesis, o interpretación, de las Escrituras, a base de los apropiados principios de interpretación, o, para usar el término técnico, principios de hermenéutica (deriv. del griego HERMENEUTES, intérprete, comp. 1 Co. 14:28). No basta con decir "así está escrito en la Biblia" para garantizar que lo que uno enseña es correcto. Más de una barbaridad doctrinal es lanzada al mundo con la audaz aseveración de que "su fuente es la Biblia".

El conjunto de los documentos que constituyen las Sagradas Escrituras abarca un período de unos 1.500 años o más de trabajo de una gran variedad de autores que escribieron en diferentes países, en diferentes idiomas, con diferentes grados de habilidad e instrucción, diferentes estilos literarios, dirigiéndose a lectores de muy diversa índole y procedencia, y bajo circunstancias de lo más disímiles. Estos escritos contienen mucho material histórico, centrado en un pueblo en particular del Cercano Oriente, el pueblo de Israel, e involucrando a otras naciones en derredor del Mar Mediterráneo cuyos caminos se entrecruzaron de una manera u otra con los de Israel. Los libros de la Biblia tienen mucho que decirnos respecto de personalidades sobresalientes, y nos brindan un cúmulo de información acerca de usos y costumbres de aquellos lejanos tiempos. Ante esa enorme diversidad de contenido existe el peligro constante de dejar de lado ciertos temas y perderse en detalles en vez de dar con el punto central.

La pregunta no es si el contenido de la Biblia es "verídico" y "confiable". Por supuesto que lo es. Vano es, asimismo, el intento de investigar si algunas partes de la Biblia son palabra de Dios, y otras, palabra de hombres. En un sentido muy real y concreto, *todas* las partes de la Biblia son tanto palabra de Dios como palabra de hombres, dado que a Dios le plugo comunicarse con los hombres mediante lenguas y plumas humanas, usando el idioma comúnmente hablado por quienes serían los lectores y oyentes. Pero todo el contenido es palabra de Dios. Entonces, no cabe la idea de que parte es importante, y parte no. Todo es importante, si bien no es incorrecto hablar de grados y niveles de importancia.

Pues bien: aunque la Biblia presenta relatos de hechos históricos, no es un manual de Historia Antigua. Pese a que describe detalles de la vida y carrera de un buen número de hombres y mujeres célebres, no es una colección de mini-biografías. Lógicamente, una serie de documentos bíblicos contiene abundante información acerca de Jesucristo; pero el objetivo de los mismos no es ofrecer "vidas" de Jesús. Si bien concurren diversas formas literarias en el texto bíblico, tanto es así que muchos pasajes merecen un lugar entre los productos más nobles de la literatura universal, la Biblia no fue ideada para deleitar a los amantes de las bellas letras. Es un hecho que en las páginas de la Biblia se hallan no pocas referencias a números que se repiten una y otra vez, tales como 3, 7, 12, ó múltiplos de los mismos; pero esto no quiere decir que la Biblia esté escrita en un código numérico arcano para el cual es preciso descubrir la clave o claves. Es un hecho también que en la Biblia figuran cantidades de leyes y preceptos; pero no por eso se la ha de considerar un código legislativo de aplicación automática. Por lo tanto, no corresponde aproximarse a la Biblia con un criterio selectivo: "¿Cuántos y cuáles de los escritos que componen la Biblia son realmente "bíblicos"? ¿Cuánto de lo que dicen tengo que conocer? o ¿cuánto debo hacer?"

Ya que afirmamos que la Biblia es la palabra de Dios, la única pregunta que cabe es: ¿Cuál es el propósito de Dios? Esto, y solamente esto, puede ser la clave para abrirnos el correcto entendimiento de la Biblia. Y la respuesta a la candente pregunta acerca del propósito puede emanar únicamente de la Palabra misma. Una vez conocida esa respuesta, tendremos que partir de ahí para la interpretación del resto.

La revelación, por parte de Dios, de sus obras y sus planes llegó a los hombres en forma progresiva hasta alcanzar su plenitud en Jesucristo.

Dios, habiendo hablado muchas veces y de muchas maneras en otro tiempo a los padres por los profetas, en estos últimos días nos ha hablado por el Hijo, a quien constituyó heredero de todo y por quien asimismo hizo el universo. Él, que es el resplandor de su gloria, la imagen misma de su sustancia y quien sustenta todas las cosas con la palabra de su poder, habiendo efectuado la purificación de nuestros pecados por medio de sí mismo, se sentó a la diestra de la Majestad en las alturas (He. 1:1-3).

Como punto culminante de su mensaje a la humanidad, Dios hizo su auto-revelación en la persona de su Hijo unigénito. "A Dios nadie lo ha visto jamás; el unigénito Hijo, que está en el seno del Padre, él lo ha dado a conocer" (Jn. 1:18). ¿Qué se propone Dios? ¿Qué planes tiene con nosotros? "El Verbo se hizo carne y habitó entre nosotros lleno de gracia y de verdad; y vimos su gloria, gloria como del unigénito del Padre" (Jn. 1:14). Jesucristo, el Hijo de Dios, es el "camino" que Dios escogió para "reconciliar consigo al mundo" (2 Co. 5:19). Este es el enunciado básico, la médula de las Escrituras, la suma y el por qué de la revelación de Dios. Jesús no vino para imponer aún más leyes a su pueblo que de todos modos ya estaba bajo el juicio de Dios por su desobediencia a los mandamientos divinos, sino para "redimirlo de la maldición de la Ley" (Gá. 3:13). Por lo tanto, la última Palabra que Dios tiene para la humanidad es una Persona; y la respuesta adecuada por parte nuestra es una relación de persona a Persona, respuesta de fe, de amor, y de obediencia. Esto nos indicará el punto de partida apropiado para estudiar la Biblia con provecho.

Y asimismo, nos indicará el punto de partida para el discernimiento de las diversidades existentes en el seno de la cristiandad, y para nuestro intento de evaluarlas. Nadie nos puede pedir que ignoremos, ni mucho menos que aprobemos, las desviaciones manifiestas de la verdad de Dios. Los errores jamás se deben pasar por alto con indiferencia. No obstante, habremos de andar con sumo cuidado para ver si las diferencias entre nosotros y otras personas se polarizan realmente en los rígidos conceptos de "correcto" e "incorrecto", o si son meras formas distintas para decir la misma cosa, así como una misma verdad puede expresarse mediante una variedad de términos e imágenes escriturales. Igual cuidado debemos poner en no exagerar o magnificar los puntos de discrepancia. No todo reviste la misma importancia. Teniendo en mente el contenido y propósito fundamental del mensaje de Dios a los hombres, la pregunta decisiva para nosotros habrá de ser ésta: "¿Qué pensáis del Cristo?" (Mt. 22:42). Donde se proclama el evangelio de la gracia de Dios en Cristo, allí está el único y verdadero fundamento de la iglesia (comp. 1 Co. 3:11), vale decir,

> el verdadero conocimiento de Cristo y la fe. Es verdad que hay muchos débiles que sobre el fundamento edifican hojarasca perecedera, esto es, opiniones inútiles: Sin embargo, como éstas no derriban el fundamento, ora se les perdona, ora se les enmienda (Apología de la Confesión de Augsburgo, VII, 20; LC, pág. 154).

Estamos viviendo en una era en que la gente se desplaza con facilidad y frecuencia de un lugar a otro, y donde gracias a los medios masivos hay una intercomunicación constante y casi instantánea. En el pasado hubo no pocos que pasaron prácticamente su vida entera sin entrar en contacto con personas de otra orientación religiosa. Hoy día, esto ya no es posible. Nuestra era es, además, la era del así llamado "movimiento ecuménico". Iglesias cristianas de varias denominaciones han formado federaciones de alcance universal, p. ej. la Iglesia Católica Romana, las Iglesias Ortodoxas Orientales, la Comunión Anglicana, la Federación Luterana Mundial, la Alianza Mundial de Iglesias Reformadas, y otras. En adición a esto, los más de los cuerpos eclesiásticos mayores están asociados en el Concilio Mundial de Iglesias, foro en el cual, especialmente en la sección "Fe y Orden", se llevan adelante estudios y diálogos en conjunto sobre temas teológicos. En muchas partes se evidencia una creciente disposición de reunirse con cristianos de otras denominaciones para conversar en serio acerca de la una, santa fe cristiana.

No podemos ignorar el movimiento ecuménico. Nuestra reacción ante él puede ser positiva o negativa, podemos aplaudirlo o condenarlo; lo que no podemos es ignorarlo. Ni tampoco debiera ser éste nuestro deseo. Los luteranos tienen buenas razones para ponerse en primera fila donde se brega a favor de un ecumenismo genuino. Sus Confesiones, documentos en que se expone lo que los luteranos creen, enseñan y confiesan, son una muestra de la clara afirmación de su catolicidad, y de su enérgico rechazo de sectarismos de toda índole.

El punto de vista que habremos de sostener frente a otros grupos que profesan la fe cristiana podría sintetizarse en unas pocas presuposiciones básicas:

1. Todos los cristianos están unidos por su fe en una gran comunidad, el cuerpo de Cristo, la santa iglesia cristiana, la comunión de los santos. Esto es motivo para permanente gozo y loor. Debiéramos dar gracias a Dios por cada creyente, no importa lo frágil que sea su fe, y lo rudimentario su conocimiento. Vale la pena recordar lo que dice Martín Lutero en tono casi patético:

> Yo creo que existe en la tierra un santo grupo reducido y una santa comunidad que se compone de puros santos, bajo una cabeza única que es Cristo, convocada por el Espíritu Santo, en una misma fe, en el mismo sentido, y en la misma comprensión, con diferentes dones, pero estando unánimes en el amor, sin sectas, ni divisiones. *Yo soy también parte y miembro de esta comunidad y participante y co-disfrutante de todos los bienes que tiene* (Catecismo Mayor, Credo, 51-52, LC, pág. 445).

2. Ningún cristiano sincero puede permanecer indiferente a las muchas divisiones dentro de la cristiandad, ni dejar de sentirse

entristecido por la existencia de los muros que se levantan entre los individuos y entre las iglesias.

3. Todo cristiano rogará fervientemente a Dios, pidiéndole que guíe a todos los fieles a un conocimiento más profundo de su verdad revelada, a una fe más firme, a una esperanza más viva, a un amor más perfecto; que incremente su capacidad de reconocer errores y entendimientos incorrectos, y su valor de vencerlos; que les conceda la gracia de "seguir la verdad en amor" (Ef. 4:15); de poner empeño en "ganar al hermano" (Mt. 18:15), y de estar dispuestos a "sobrellevar los unos las cargas de los otros" (Gá. 6:2).

> Y ante todo, tened entre vosotros ferviente amor, porque el amor cubrirá multitud de pecados. Cada uno según el don que ha recibido, minístrelo a los otros, como buenos administradores de la multiforme gracia de Dios. Si alguno habla, hable conforme a las palabras de Dios; si alguno ministra, ministre conforme al poder que Dios da, para que en todo sea Dios glorificado por Jesucristo, a quien pertenecen la gloria y el imperio por los siglos de los siglos. Amén. (1 P. 4:8,10,11).

GUÍA PARA EL ESTUDIO

INDICACIONES PARA EL MODERADOR

Esta Guía tiene por objeto servirle a Ud. de ayuda al usar este libro con un grupo de trabajo. En ella encontrará para cada capítulo una serie de preguntas que invitan a la discusión. Estas preguntas están diseñadas a modo de indicadores de camino que Ud. puede tomar en cuenta al penetrar en la temática de los distintos capítulos. Por esto mismo, no pretenden ser ni exhaustivas ni excluyentes; lo que aquí se ofrece son más bien sugestiones para encarar tópicos específicos a medida que se avanza en el estudio del material presentado.

SUGERENCIAS PARA EL USO DE ESTA GUÍA CON EL GRUPO DE TRABAJO

1. Programe un curso de por lo menos 11 sesiones para poder tratar cada uno de los capítulos de que consta esta libro.

2. Tenga a mano Biblias, catecismos y otro material (ver Bibliografía) para complementar la discusión y enriquecerla con detalles informativos. Las preguntas que surjan en el seno del grupo puede investigarlas Ud. mismo, o puede asignar temas específicos a voluntarios para que presenten un informe ante la clase.

3. Antes de cada sesión, lea el capítulo a tratarse, y solicite a los participantes hacer lo mismo. Como alternativa (no muy recomendable) puede dar un resumen del material, o destinar los momentos iniciales de la sesión a una lectura previa,

aunque esto le quitará preciosos minutos al trabajo grupal en sí. Una buena manera de hacer un repaso constructivo es asignar ciertas porciones del capítulo a voluntarios, invitándolos a que traigan un resumen de lo que más les llamó la atención en el pasaje que leyeron, para refrescar la memoria de los demás participantes.

4. Haga una selección de los puntos que considere de interés especial para su grupo, y trátelos en primer término, ya que el tiempo disponible difícilmente alcanzará para cubrir todo el material.

5. Aliente a los concurrentes a que se expresen con entera libertad. El propósito de reunirse en grupo debe ser no sólo escuchar sino también hablar, para lo cual es preciso crear una atmósfera en que cada cual se anime a exteriorizar sus preguntas y preocupaciones. Todo lo que Ud. pueda idear en este sentido hará que la clasc resulte más provechosa para los participantes.

6. Asegúrese de que en todo lo que se haga, se respeten las particularidades individuales. No *fuerce* a nadie a "pasar al frente", ni a leer, o a dar una respuesta. Los participantes a su vez deberán ser conscientes de que *todos* tienen derecho a participar. El monólogo entorpece el diálogo.

7. Elija a una persona que guíe a los demás en la oración, y si es posible, a un vocero para cada sesión.

8. Haga todo cuanto esté a su alcance para estimular la expresión de la fe en Jesucristo. Toda vez que se presente la oportunidad, ceda la palabra a las Escrituras para estrechar los lazos de unión fraternal cristiana entre los miembros de su grupo, y para ayudarles a crecer en la vivencia de su fe mediante el poder del Espíritu Santo.

Sesión 1

La Fe Cristiana

1. Tenga a mano algunos ejemplares del *Culto Cristiano* u otro libro que contenga los tres credos ecuménicos, para uso en la clase. Divida al grupo en tres grupos menores. Asigne a cada grupo uno de los credos. Pídales que respondan a las siguientes dos preguntas:

   1. En pocas palabras: ¿qué verdades se exponen en el credo?
   2. ¿Qué es lo que más se enfatiza en el credo? ¿cuál es la verdad más importante que presenta?

   No es necesario que las respuestas sean muy detalladas, ni que haya un acuerdo completo en cuanto a la respuesta a la pregunta N° 2. Pasados 15 minutos, reúna a los grupos y compare las respuestas. A partir de la página 8, el autor enumera lo que ha sido y es la confesión de los cristianos de todos los tiempos. Haga leer en forma grupal los párrafos en las páginas que siguen, y anote en el pizarrón lo que el autor menciona como 'factores comunes' de la fe cristiana. Compare esa lista con las que elaboraron los tres grupos. ¿Son iguales? ¿diferentes? ¿en qué?

   A base de estas listas, componga un "credo del grupo". ¿Cuál será el resultado? ¿Cómo se asemejará al Credo Apostólico en forma y estilo? ¿Qué será el punto fuerte en el credo del grupo?

2. ¿En qué sentido la iglesia de Cristo es *una*? ¿En qué sentido está dividida? Discuta las siguientes preguntas:

   a. ¿Cuál es, a juicio suyo, la causa por qué el cristianismo se presenta en tan diversas formas?
   b. ¿En qué sentido se puede considerar ventajosa esa

diversidad?

c. ¿En qué sentido resulta perjudicial, y escandalosa para muchos?

d. ¿Cuál debiera ser la actitud de los cristianos frente a la diversidad en la iglesia?

e. Nuestra meta es la unificación de la iglesia de Cristo; ¿en qué sentido?

3. Ud. está en el aeropuerto. Se encuentra con una persona procedente de la India (o de algún otro país extranjero). La persona profesa una religión no-cristiana y le habla a Ud. acerca de su fe. A Ud. le quedan unos 10 minutos hasta que salga su avión. La persona quiere saber: "¿Puede explicarme en pocas palabras qué es un cristiano? ¿Qué diferencia hay entre la religión de Ud. y la mía?" ¿Qué le diría? Piénselo, y luego compare sus respuestas con las de los demás miembros de la clase.

SESIÓN 2

LAS TRADICIONES ANTIGUAS

1. Fíjese en la relación que existía entre la Ortodoxia Oriental y las sucesivas fuerzas sociales y políticas a lo largo de los siglos. ¿A qué resultados llegamos si comparamos el "Problema Iglesia – Sociedad – Estado" de la Iglesia Ortodoxa con la situación de nuestra iglesia de hoy día? ¿Cómo cree Ud. que reaccionaría la iglesia de su país si el gobierno intentase ejercer el control sobre la iglesia, o suprimirla? ¿Cambiaría nuestra fe o nuestra práctica? Y en caso afirmativo, ¿cómo?

2. La Iglesia Ortodoxa tiene un concepto optimista en cuanto a las facultades naturales del hombre. ¿Cómo influye esta idea en sus demás doctrinas, especialmente en lo que enseñan respecto

de la redención del hombre?

3. Recuerde lo que la iglesia católica romana enseña sobre la "gracia infusa". Según esta enseñanza, ¿qué capacidad confiere esa gracia infusa al hombre? ¿Qué dirán nuestros amigos católicos: que somos salvos por la fe sola, o por la fe *y* las buenas obras? ¿Por qué?

4. Los católicos romanos ven la celebración de la Misa (Santa Cena) como un sacrificio perpetuo a Dios por los pecados de los vivos y de los muertos. ¿Cómo concuerda esto con la doctrina luterana acerca de la Santa Cena? Para hallar la respuesta correcta, vea lo que en el *Catecismo Menor de Martín Lutero* se dice respecto del Sacramento del Altar; comp. también **He. 9:27-28** y **10:11-14**; además, **Mt. 26:26-29**.

5. En una conversión, un amigo le dice al otro: "Tengo entendido que ustedes los luteranos se parecen mucho a los católico-romanos, en sus enseñanzas y en su forma del culto." Ud. tiene 10 minutos para pensar en una respuesta. ¿Y...?

SESIÓN 3

EL INICIO DE LA REFORMA

1. A Lutero le torturaba la pregunta: "¿Cómo hago para hallar un Dios misericordioso?" Tras mucha oración y mucho estudio de las Escrituras, ¿qué respuesta halló? ¿Qué significa esa respuesta para Ud.?

2. Los luteranos enseñan que somos justificados sólo por gracia, por causa de Cristo solamente, y sólo por medio de la fe. No obstante, concordamos en que las buenas obras son "necesarias". ¿Qué se dice de esto en **Stg. 2:14-26**? ¿En qué

sentido las buenas obras son necesarias?

3. ¿Qué significan los términos "iglesia alta" e "iglesia baja"? Agregue algunos detalles descriptivos. ¿Cuáles son las ventajas y desventajas particulares de cada una de estas iglesias? ¿Cuál de las dos le "convence" más?

4. Su vecino vio que Ud. va a la iglesia todos los domingos por la mañana, y se enteró de que Ud. es un miembro muy activo de su congregación. Un día le pregunta qué diferencia hay entre la iglesia de Ud. y otras denominaciones cristianas. En otras palabras: "¿Por qué Ud. es un luterano?" A medida que le explica cuáles son las enseñanzas específicas, o distintivas, del luteranismo, no deje de mencionar también las grandes verdades que tenemos en común con todos los demás cristianos.

Sesión 4

Las Iglesias Reformadas de Tradición Calvinista

1. Como una de las consecuencias de su concepto de la soberanía absoluta de Dios, Juan Calvino enseñaba una "doble predestinación", es decir, que algunos son elegidos para la salvación, y otros para la condenación. ¿Qué efecto producirá una doctrina de esta naturaleza en una persona que se esfuerza por llevar una vida cristiana? ¿A qué peligro está expuesta la persona que confía arrogantemente en pertenecer al grupo de los electos? ¿Y qué si uno teme haber sido elegido para la condenación?

2. En la tradición reformada calvinista, ¿quién es la parte "activa" en los sacramentos, Dios o el hombre? ¿Quién es el "activo" de

acuerdo con el entendimiento luterano (véase 'Catecismo
Menor')? ¿Cómo incide el concepto de los calvinistas en su
entendimiento del Bautismo y de la Santa Cena?

3. Recuerde las diferencias entre el calvinismo y el arminianismo
(véase el cuadro comparativo, pág. 47). Los luteranos
concordamos en 2 de los 10 puntos que figuran en aquella
lista; ¿cuáles son? Recorra las dos columnas de la lista, y en
cada punto explique por qué estamos de acuerdo, o no.

4. La Iglesia Bautista presenta una amplia gama de variantes
teológicas y doctrinales en sus distintas ramas. ¿Qué factores
hay en su sistema de organización eclesiástica que pueden
haber causado esa variedad?

5. *Para un estudio adicional*: Encomiende a alguien hacer una
comparación entre las enseñanzas de Lutero, Zwinglio y
Calvino. Use el material de este libro, o de otras fuentes
disponibles. Luego: un informe ante el grupo, seguido de
discusión.

SESIÓN 5

LAS IGLESIAS REFORMADAS DE TRADICIÓN ARMINIANA

1. Los hermanos Wesley vieron con profundo dolor la injusticia,
la desigualdad y el hueco formalismo que reinaba en su iglesia
anglicana. Por esto, sus esfuerzos por lograr una renovación
religiosa apuntaron ante todo a la vida orientada en la fe, más
que a la doctrina. ¿Por qué su decisión fue acertada y válida en
aquellas circunstancias? ¿De qué sirvió? Si Ud. cree que un
énfasis similar sería necesario también en la iglesia de hoy día,
explique por qué. ¿Qué medidas tomaría para cambiar

parecidos malestares que afectan a la iglesia en la actualidad?

2. ¿Qué puede decir acerca de la afirmación de los cuerpos de Santidad de que los cristianos "nacidos de nuevo" son transformados al momento a un estado en el cual ya no cometen pecados deliberados, estando, por lo tanto, enteramente santificados? Compare esta enseñanza con la conocida frase de Lutero de que "el cristiano es simultáneamente justo y pecador". Al observar a la gente, ¿cuál de los dos puntos de vista le parece reflejar mejor la realidad? ¿Por qué?

3. ¿Qué piensa de la afirmación de que la primera evidencia de haber recibido el bautismo con el Espíritu Santo es el don de "hablar en lenguas"? Mencione algunos de los peligros que encierra una afirmación de esta índole. ¿Cuáles son las implicaciones de la enseñanza de que los cristianos "verdaderos" experimentan dos "bautismos"? El *Catecismo Menor* le ayudará a encontrar la respuesta.

SESIÓN 6

INTENTOS DE SUPERAR EL DENOMINACIONALISMO

1. Recuerde los tres caminos para encarar el problema del denominacionalismo. ¿Qué piensa de la posibilidad de "reconocer las diferencias que existen entre las iglesias, pero considerarlas como no-divisorias, y elaborar un denominador doctrinal común"? ¿Positivo o negativo?

2. ¿Cree que es posible hacer desaparecer las denominaciones históricas y restaurar la imagen de la iglesia prístina tal como nos la presenta el Nuevo Testamento? ¿Por qué, o por qué no? ¿Qué le parecen los intentos de eliminar todos los calificativos

y términos teológicos que no se hallan en el Nuevo Testamento, con lo que quedarían descartados los credos y las confesiones? Dé las razones en que se apoya su respuesta.

3. Hay quienes sostuvieron la tesis: "O la iglesia se fusiona, o se funde". Su razonamiento fue que ante la secularización de nuestra cultura, tenemos que formar un frente unido contra los adversarios de la iglesia. ¿Cuál sería su respuesta?

4. Su vecino, una persona muy religiosa, dice: "Lo importante es que vivamos como cristianos, no lo que creemos." ¿De acuerdo? Explíquese.

SESIÓN 7

LA LUZ INTERIOR

1. Para los menonitas, el evangelio es "la ley de Cristo que encierra todo el consejo de Dios y su voluntad", y la salvación está vinculada con la piedad personal del miembro mediante su unión mística con Cristo. ¿Qué presuponen estos conceptos con respecto a las capacidades del hombre? ¿Cómo condicen con la doctrina acerca de la salvación sólo por gracia, por causa de Cristo?

2. ¿Qué similitud o diferencia hay entre la enseñanza de los cuáqueros con respecto a la "Luz interior" y la doctrina bíblica en cuanto a la creación del hombre a imagen de Dios?

3. ¿Cómo se relaciona la enseñanza de los cuáqueros acerca de la bondad innata del hombre con su idea de que, puesto que tenemos a Dios dentro de nosotros, no se requiere medio alguno para traérnoslo desde afuera, por lo cual no hay necesidad de un ministerio, ni de predicación, ni de

sacramentos, ni de templos?

4. Casi todos estos grupos nacieron como protesta contra la laxitud moral en las filas de sus propias denominaciones. ¿Qué actitud asumiría Ud. al ver que en la iglesia del presente existe una situación similar? Supóngase que un amigo suyo manifiesta la intención de formar su propio grupo, más disciplinado, de vida más piadosa, en oposición a las opciones que ofrece la iglesia oficial. ¿Qué le diría?

SESIÓN 8

EL MILENIO

1. Una mirada a la historia nos revela que en épocas de agudas crisis sociales o persecuciones religiosas solía hacer eclosión con singular fervor la esperanza de un pronto retorno de Cristo. ¿Por qué motivo? ¿Qué decir de nuestro tiempo presente: sigue siendo de actualidad el tema del milenio? ¿Por qué, o por qué no?

2. Un amigo le dice: "Yo conozco la fecha exacta del retorno de Cristo. La he calculado a base de los números que traen los libros de **Daniel** y **Apocalipsis**." ¿Qué le puede contestar?

3. Trate de relacionar los principios del milenarismo con algunas de las especulaciones acerca de la naturaleza y el destino de Israel y el pueblo judío. En conexión con esto, lea **Ro. capítulos 9 a 11**. ¿Cómo interpreta la aserción paulina de que "todo Israel será salvo" (**Ro. 11:26**)? Para dar con la respuesta bíblica, lea también el contexto.

4. Cite algunas implicaciones que la enseñanza acerca del milenio tiene para la predicación del evangelio *hoy*. ¿Tendremos que

ser más insistentes, o menos insistentes, en nuestra prédica sobre este tema? ¿En qué sentido es válido destacar la importancia de la segunda venida de Cristo?

Sesión 9

Los Cultos

1. Por lo general, ¿qué papel le asignan a Jesucristo los cultos descritos en este capítulo? ¿Cómo difiere esta posición de la que Cristo ocupa en la iglesia nuestra?

2. Compare las enseñanzas de los tres cultos principales. ¿Cuál es, en cada caso, la fuente del conocimiento religioso? ¿Cómo cuadran estas propuestas con nuestro énfasis en las Escrituras como "única fuente y norma" para la doctrina?

3. Trate de recordar si hay alguna "buena nueva" (evangelio) en lo que enseñan los Testigos de Jehová. Si la hay, ¿en qué términos se expresa? Si no la hay, ¿cuál parece ser entonces la verdad central de su enseñanza?

4. ¿Qué atractivo particular le ve mucha gente al mormonismo? ¿Por qué los cristianos están en condiciones aún mejores que los propios mormones para desplegar estas loables características?

5. ¿Qué sucede con la doctrina cristiana acerca del perdón de los pecados por causa de Cristo en el sistema filosófico de la Ciencia Cristiana? ¿Por qué?

6. Dijimos que todo cristiano con un conocimiento maduro de lo que son los fundamentos de su fe debiera estar en condiciones de evaluar las propuestas de cualquier sistema que se le

presenta reclamando su consideración y aceptación. ¿Qué es lo mejor que podemos hacer para evitar ser engañados por las ofertas de los Cultos? ¿Cómo podemos ayudar a otros para que no se dejen atrapar por dichas ofertas? Al tratar con personas que siguen alguna de esas corrientes, ¿qué les diría, qué puntos señalaría en forma especial?

SESIÓN 10

EL NEOPENTECOSTALISMO

¿Cómo podría resumir el significado del concepto "fe" que sostiene el neopentecostalismo? ¿Cuál es la diferencia con el significado que se le asigna en la teología luterana?

Los neopentecostales consideran imposible que la cruz, la prueba o el sufrimiento formen parte de la vida de los verdaderos creyentes, ya que según ellos, Dios "no puede permitir que sus hijos sufran". ¿Qué podemos responder a partir de textos tales como **Hch. 5:40-42; Ro. 5:3-4; 8:18; 1 Co. 12:7-10; He. 12:6 y Stg. 1:2-4**?

En la IURD se enseña que hay una relación directa entre nuestras ofrendas y la prosperidad económica ¿Qué dice la Biblia acerca de las verdaderas motivaciones que el creyente tiene para ofrendar? Analice **Dt. 26:1-11 y 2 Co. 8:1-9.**

La teología neopentecostal invierte el tema de la gracia, haciendo parecer que Dios actúa movido por lo que el hombre cree o hace. ¿Qué nos dicen los siguientes textos sobre lo que mueve a Dios a actuar en favor de los hombres? Vea **Mt. 10:8; Ef. 2:8-9; Gá. 2:21 y 1 Jn. 4:9-10**

El crecimiento fenomenal de la IURD puede explicarse, en parte, porque en su práctica se ocupa de los problemas reales que mucha gente está buscando solucionar ¿Qué aspectos de la práctica de la IURD podríamos tener en cuenta para mejorar la tarea de la iglesia luterana? ¿Por qué?

SESIÓN 11

CAPÍTULO11 – REFLEXIONES FINALES

1. Al referirse a la abundancia de denominaciones existentes, el autor plantea algunas preguntas que deben llamarnos a la reflexión. *¿Hubo* alguna legítima necesidad espiritual que no supimos o no quisimos satisfacer? *¿Hay* puntos claves o acentos en nuestra teología que más bien han caído al olvido? Si es así, ¿cuáles son estas necesidades o acentos? Y si no es así, ¿a qué atribuye Ud. la inquietud espiritual que notamos en nuestra iglesia?

2. ¿Qué decir de la observación de Juan Wesley de que Lutero escribió en forma muy acertada acerca de la redención por medio de Jesucristo (justificación), pero que entendió mal el por qué y el cómo de la vida cristiana (santificación)? *¿Cuál es para Ud.* la relación entre justificación y santificación?

3. Dicen que la ausencia de un compromiso serio con los temas sociales por parte de los luteranos se debe a su acentuación unilateral de la gracia de Dios, en detrimento de la actividad del hombre. ¿De acuerdo? Si en verdad es así, ¿qué se puede hacer para corregir el desequilibrio? Y si no es así, ¿qué otro motivo puede haber, a juicio suyo, para la relativa falta de actividad social entre los luteranos?

4. ¿Cuál es el propósito último y fundamental de todas las Sagradas Escrituras (véase **Jn. 20:31**)? ¿De qué manera el

conocimiento de este propósito primordial nos ayuda tanto en nuestro estudio personal como en la evaluación de lo que enseñan otros grupos religiosos?

5. Analice las presuposiciones básicas que afectan nuestras relaciones con otros grupos de cristianos. ¿Qué importancia les asigna? Trate de elaborar una "declaración de propósito" que tome en serio nuestra necesidad de demostrar el amor cristiano sin minimizar la verdad bíblica.

Comience así: Al dialogar con otros cristianos, debiéramos...

BIBLIOGRAFÍA

(Puesto que se trata de obras escritas en inglés, damos los títulos en su idioma original.)

A. GENERAL

Bouman, Walter R. *Christianity American Style.* Dayton, Ohio: Geo. A. Pflaum, Publisher, 1970.

Haselden, Kyle, y Martin E. Marty, eds., *What's Ahead for the Churches? A Report from the Christian Century.* New York: Sheed and Ward, 1964.

Leith, John H. ed. *Creeds of the Churches.* Garden City: Anchor Books. Doubleday & Company, Inc., 1963.

Mayer, F. E. *The Religious Bodies of America*, 4. ed. rev. por Arthur C. Piepkorn, St. Louis: Concordia Publishing House, 1961.

Mead, Frank S. *Handbook of Denominations in the United States,* 5. ed., Nashville: Abingdon Press, 1970.

Neve, J. L. *Churches and Sects of Christendom.* Blair, Nebraska: Lutheran Publishing House, 1952.

Rosten, Leo, ed. *Religions in America.* New York: Simon & Schuster, 1963.

Spitz, Lewis W. Sr. *Our Church and Others.* St. Louis: Concordia Publishing House, 1960.

Spence, Hartzell. *The Story of America's Religions.* New York: Holt, Rinehart & Winston, 1960.

Whalen, William J. *Separated Brethren, A Survey of non-Catholic Christian Denominations.* Milwaukee: The Bruce Publishing Company, 1961.

B. DENOMINACIONAL

Iglesia Ortodoxa

Benz, Ernst. *The Eastern Orthodox Church*. New York: Anchor
  Books, Doubleday & Company, 1963.
Callinicos, C. N. *The Greek Orthodox Catechism*. New York:
  Greek Archdiocese of North and South American, 1953.
Mastrantonis, George. *A New-Style Catechism on the Eastern
  Orthodox Faith for Adults*. St. Louis: The Ologos Mission,
  1969.
Ware, Timothy. *The Orthodox Church*. Baltimore: Penguin Books,
  1964.

Iglesia Católica Romana

Abbott, Walter M., ed. *The Documents of Vatican II*. New York:
  Guild Press, 1966.
The Church Teaches, Documents of the Church in English
  Translation. St. Louis: B. Herder Book Co., 1955.
Manz, James G. *Vatican II, Renewal or Reform?* St. Louis:
  Concordia Publishing House, 1966.
Ott, Ludwig. *The Fundamentals of Catholic Dogma*. St. Louis: B.
  Herder Book Co., 1954.
Schlink, Edmund. *After the Council*. Philadelphia: Fortress Press,
  1968.
Stuber, Stanley I. *Primer on Roman Catholicism for Protestants*.
  New York: Association Press, 1953.

Iglesia Luterana

Tappert, T. G., ed. *The Book of Concord*: The Confessions of the
  Evangelical Lutheran Church. Philadelphia: Fortress Press,
  1959.

Meléndez, A. A. *Libro de Concordia*. Las Confesiones de la
Iglesia Evangélica Luterana. St. Louis: Concordia Publishing
House, 1989.

Fagerberg, Holsten. *A New Look at the Lutheran Confessions*. St.
Louis: Concordia Publishing House, 1972.

Sasse, Herman. *Here We Stand*. New York: Harper & Bros., 1938.

Schlink, Edmund. *Theology of the Lutheran Confessions*.
Philadelphia: Fortress Press, 1961.

Iglesia Episcopal

The Book of Common Prayer
The Thirty-Nine Articles of Religions, en Leith, *Creeds*, págs. 266
y sigtes.

Neill, Stephen. *Anglicanism*. Baltimore: Penguin Books, 1958.

Iglesias Reformadas de Tradición Calvinista

The Book of Confessions, publ. por la Oficina de la Asamblea
General de la Iglesia Presbiteriana Unida en los Estados Unidos
de América.

Calvino, Juan. *Instituciones de la Religión Cristiana*. Ed. John T.
McNeill, tr. Ford Lewis Battles, en: *The Library of Christian
Classics*, Vols. XX y XXI.

Cochrane, Arthur C., ed. *Reformed Confessions of the 16th
Century*. Philadelphia: The Westminster Press, 1966.

McNeill, John T. *The History and Character of Calvinism*. New
York: Oxford University Press, 1954.

Osterhaven, M. Eugene. *The Spirit of the Reformed Tradition*.
Grand Rapids: Wm. B. Eerdmans, 1971.

Torbet, R. G. *A History of the Baptists*. Philadelphia: Judson
Press, 1950.

Bibliografía

Iglesias Reformadas de Tradición Arminiana

The Articles of Religion, en: Leith, *Creeds*, págs. 354 y sigtes.
The Doctrines and Discipline of the Methodist Church. Nashville: The Methodist Publishing House, 1957.
Manual of the History, Doctrine, Government and Ritual of the Church of the Nazarene, 4. ed., Kansas City, Mo.: Nazarene Publishing House, c. 1924.
The Constitution of the Pentecostal Fellowship of North America. Springfield, Mo.: Executive Office, General Council, Assemblies of God.
Biederwolf, Wm. E. *Whipping Post Theology*. Grand Rapids: Eerdmans Publ. Co., 1934.
Míguez Bonino, José. *Rostros del protestantismo latinoamericano*. Buenos Aires – Grand Rapids. Nueva Creación. 1995

Iglesia Unida de Cristo

Horton, Douglas. *The United Church of Christ*. New York: Thomas Nelson & Sons, 1962.

Los Discípulos de Cristo

Garrison, W. E. *An American Religious Movement*. St. Louis: Bethany Press, 1945.
McCormack, *Our Confession of Faith*. Indianapolis: United Christian Missionary Society.

La Luz Interior

Anabaptist Confessions, en Leith, *Creeds*, págs. 281 y sigtes.
Mennonite Confession of Faith and Shorter Catechism. Scottdale, Pa.: Herald Press, 1927.
Faith and Practice: Handbook of the Society of Friends.

Philadelphia: Friends' Bookstore, 1926.

El Milenarismo

Kromminga, D. H. *The Millennium in the Church*. Grand Rapids: Wm. B. Eerdmans, 1945.
Bass, Clarence B. *Backgrounds to Dispensationalism*. Grand Rapids: Wm. B. Eerdmans, 1960

Los Adventistas del Séptimo Día

Seventh-Day Adventists Answer Questions on Doctrine: An Explanation of Certain Major Aspects of Seventh-Day Adventist Belief. Takoma Park, Washington, D. C.: Review and Herald Publishing Association.
Seboldt, Roland H. A. *What is Seventh-Day Adventism?* St. Louis: Concordia Publishing House, 1959.

Los Cultos

Gerstner, John H. *The Theology of the Major Sects*. Grand Rapids: Baker Book House, 1960.
Van Baalen, Jan Karel. *The Chaos of Cults*. Grand Rapids: Wm. B. Eerdmans, 2nd ed., 1956.

Los Testigos de Jehová

Martin, Walter R., and Norman H. Klann. *Jehovah of the Watchtower*. Grand Rapids: Zondervan Publishing House, 1953.
Mayer, F. E. *Jehovah's Witnesses*, ed. rev. St. Louis: Concordia Publishing House, 1957
Schnell, W. J. *Thirty Years a Watchtower Slave*. Grand Rapids: Baker Book House, 1956.

Bibliografía

El Mormonismo

Smith, Joseph. *The Book of Mormon.*
        The Doctrines and Covenants.
        The Pearl of Great Price.
Talmage, James E. *Articles of Faith.*
Schumann, F. E. *Is This the Church of Jesus Christ?* St. Louis: Concordia Publishing House, 1943.

La Ciencia Cristiana

Eddy, Mary Baker. *Science and Health with Key to the Scriptures.* Boston: Christian Science Publishing Society.
Dakin, Edward F. *Mrs. Eddy, the Biography of a Virginal Mind.* New York: Charles Scribner's Sons, 1930.
Martin, Walter R., and Norman H. Klann. *The Christian Science Myth.* Paterson, New Jersey: Biblical Truth Publishing Society, Inc., 1954.
Wittmer, George W. *Christian Science in the Light of the Bible.* St. Louis: Concordia Publishing House, 1949.